U0540056

拔出你的本覺之劍

本然大圓滿與金剛歌

Natural Great Perfection:
Dzogchen Teachings and Vajra Songs

作者：紐修堪布仁波切（Nyoshul Khenpo Rinpoche）
　　　舒雅達喇嘛（Lama Surya Das）
譯者：拉姆耶喜德

目次

【推薦序一】追隨紐修堪布仁波切，助教大圓滿／竹旺措尼仁波切......6

【推薦序二】紐修堪布仁波切給世人的獨特禮物／詠給明就仁波切......8

【推薦序三】那個冬天，愛與加持如雪遍滿／帕秋仁波切......10

【前言】佛陀法教的鮮活典範——紐修堪布仁波切／舒雅達喇嘛......12

【序言】自由自在／喇嘛根敦仁波切......17

【紐修堪布仁波切自傳】證悟的遊方行者......21

｛第一部｝
教導

第一章　發菩提心，遣除無明
聖法的目標是消除痛苦......41
生起正確的態度......44
清除無明的障蔽......46
培養菩提心......52
初轉法輪——基本教法......58
二轉法輪——中觀......59
迴向祈願，分享福德......66

第二章　你就是大圓滿
一切都取決於我們的發心......67
體驗光明大圓滿的本然狀態......71
在日常生活中活出佛法的真諦......72
打開天空的鑰匙......76
一切都是好的......78
享受本具的大圓滿......79

第三章　遇見本覺

在自己的心續中認出佛性 ... 82
若有執著，則無見地 ... 86
基、道、果 ... 89
心的勝義自性 ... 94

第四章　心的本然休息

勝義菩提心和世俗菩提心 ... 100
上師相應法 ... 102
一切都是圓滿的 ... 104
本具智慧赤裸現前 ... 106

{第二部}
任運金剛歌

第五章　要點鏡：空性讚頌 ... 113
——致母親的信

第六章　不思議大空性 ... 131
——〈要點鏡：空性讚頌〉論釋

菩提心是心的究竟開展 ... 131
萬法的真實本質——大空性 ... 133
認出本覺，剎那成佛 ... 135
自顯自解脫，本然如是 ... 139
一切都是善妙、圓滿的 ... 141
從上方引介見地，從下往上修持 ... 142
自性是無限的廣界 ... 143
頂禮上師，感恩母親 ... 146

　　　　　一切顯相都是自心如夢的展現 148
　　　　　綑縛我們的是內在的執著 151
　　　　　沒有人可以代替你修行 153

第七章　**金剛正念鏡** 156

第八章　**無限廣界** 159
　　　　——鹿野苑閉關

第九章　**幻相歌** 164
　　　　——給弟子的信

第十章　**竅訣聖心髓** 175
　　　　——致妻子的任運金剛歌

第十一章　**精髓義** 211

{第三部}
歷史

第十二章　**紐修堪布仁波切的大圓滿傳承** 219
　　　　　／舒雅達喇嘛
　　　　大圓滿心髓近傳承 219
　　　　法教的傳承方式 221
　　　　吉美林巴尊者 223
　　　　吉美林巴尊者的弟子 225
　　　　當代大圓滿傳承 244
　　　　預言 249

大圓滿修行 ································· 250
　　傳承與上師 ································· 252

【附錄一】詞彙解釋 ····································· 255
【附錄二】紐修堪布仁波切長壽祈請文／頂果欽哲仁波切 ············· 265

（本書注釋分爲兩種：1爲原書注；[1]爲譯注）

| 推薦序一 |

追隨紐修堪布仁波切，助教大圓滿

竹旺措尼仁波切（Drubwang Tsoknyi Rinpoche）

紐修堪布仁波切（Nyoshul Khenpo）是偉大的寧瑪派上師之一。

當他在西藏時，從自己的上師處領受法教，然後修持直到有所了悟，才會至上師處繼續領受其餘的部分。他如此修持了許多年，體驗了領受的每一個法教。

後來，他成為許多年輕仁波切、堪布和喇嘛的上師。所以，他擁有堪布雅瓊（Ngakchung）完整的大圓滿（藏Dzogchen）口傳傳承，當然還有龍欽巴尊者（Longchepa）的法教，他全都有所證悟。

他也以學者的方式來理解這些法教，這相當罕見——以學者的方式理解，同時實修並了悟其中的含意，這是相當難得的。當然，還有其他人也是如此，但他已經完成了寧瑪派法教中所有的佛法學習。

我從祖古烏金仁波切（Tulku Urgyen）處第一次聽說紐修堪布仁波切。祖古烏金仁波切高度讚賞他的處事方式、智識和體驗，他不時地向我講述紐修堪布仁波切的資歷和證量，所以我一直想見他。我在尼泊爾各處都會時常見到他，但無法真正地親近他。

有一天，有人邀請我去美國協助紐修堪布仁波切的教學，所以我就去了紐約地區，協助紐修堪布仁波切。我很高興邀請人告訴我這個消息，於是立刻就答應了，那是我第一次去美國。

　　那時，早上他進行傳法，晚上我就做他早上開示複講的助理教授，於是我從他那裡獲得所有的大圓滿法教。我認為本書正是他在美國旅程的一部分，這是一本很棒的書，請閱讀它、理解它，它會幫助你，也會增長你的佛法修行。

　　我的一些教導也來自於他，從美國開始，我跟隨著他到過不丹和尼泊爾，獲得很多法教，所以他是我的上師之一。

　　我有五位上師：祖古烏金仁波切、頂果欽哲仁波切（Dilgo Khyentse）、紐修堪布仁波切、阿德仁波切（Adeu）和〔第八世〕康祖法王（Khamtrul）。現在我正在與堪千南卓仁波切（Namdrol）學習，所以變成了六位。祖古烏金仁波切、頂果欽哲仁波切、紐修堪布仁波切、阿德仁波切、康祖法王，這五位仁波切都已圓寂，堪千南卓仁波切目前還健在。

　　所以，紐修堪布仁波切是我的根本上師之一。

| 推薦序二 |
紐修堪布仁波切給世人的獨特禮物

詠給明就仁波切（Yongey Mingyur Rinpoche）

紐修堪布仁波切是一位秘密瑜伽士，也是我們這個時代最偉大的大圓滿上師之一。大圓滿是藏傳佛教寧瑪派最高階、最甚深的禪修方式，這是一條經驗的法道，揭顯出清淨、明光的本覺，或我們本具的安樂，通常被描述為對我們體驗自性的了知。

紐修堪布仁波切出生於西藏東南部的康區，從小就對大圓滿非常感興趣。他從自己的根本上師處領受了許多法教，其中有些上師是我們這個時代最偉大的藏傳大師。在紐修堪布仁波切領受的所有法教中，他最感恩的法教是大圓滿。有預言宣稱，在末法時代（廿一世紀），這種經驗傳承的法教將帶來甚深的利益。這些從上師一對一傳授給弟子的法教，即是紐修堪布仁波切最想分享的，而他直接、簡單教導大圓滿的方式，即是他給世人的獨特禮物。

當我十幾歲時，父親祖古烏金仁波切請求紐修堪布仁波切收我為弟子，好讓我能學習這些甚深的大圓滿法教。我被送去不丹，最後抵達紐修堪布仁波切的隱居處（位於喜馬拉雅山高處的廷布〔Thimpu〕市郊附近）。他是一位仁慈而偉大的上師，我很感激能有

這樣的機會。他是佛陀法教的鮮活典範，他過著非常簡樸、謙遜、平凡的生活，他在場時總是令人感到光芒四射、充滿喜悅。只消和他坐在一起，分別概念就會開始在我心中消融，當和他一起散步或與他同坐時，你會感到完全的寂止。

　　我領受到大圓滿心髓「口耳傳承」的教導，總共約百日，歷經數年。這些大圓滿傳承關於「立斷」（藏trekchö）和「頓超」（藏tögal）的法教是極其秘密的，一次只能傳授給一人。紐修堪布仁波切會在談話中悄悄地分享一個竅訣，然後直到我直接體驗到所教的內容後，才會提供更多法教。這種稀有的教學方式被稱為「殊勝經驗指引」（藏nyongtri chenmo）。他成為我最親愛的上師之一，以極大的耐心與慈心引領我行在這條法道上，這對我的進展、生命以及現在如何教導自己的學生，都產生了深遠的影響。

　　紐修堪布仁波切孜孜不倦地教導、寫作和講說故事，直到1999年圓寂。在本書中，他提供了進入大圓滿法道的甚深見地，使這些古老的法教更適合現代生活。除了是一位學者和偉大的上師之外，紐修堪布仁波切也是一位詩人和擅說故事者。他會以輕鬆的方式，任運地唱起一首金剛歌（藏Doha，道歌），來分享他和其他佛教大師的永恆智慧，這與偉大的西藏成就者密勒日巴別無二致。這些金剛歌後來被記錄下來，其中許多都收錄在這本書中。

　　感謝舒雅達喇嘛為保存這些珍貴法教所作的貢獻，也感謝譯者與出版商讓這本書得以來到更多讀者面前。願紐修堪布仁波切的法教繼續利益一切眾生，他永恆的智慧能世世代代延續下去。

| 推薦序三 |

那個冬天，愛與加持如雪遍滿

帕秋仁波切（Phakchok Rinpoche）

　　怙主紐修堪布仁波切是我的根本上師之一，也是近代最偉大的大圓滿上師之一，在見地、禪修和行持上都是圓滿的典範。

　　我在十八歲時那個幸運的冬天，於不丹廷布堪布仁波切的住所拜見了他。初次見面時，怙主仁波切說：「在接受任何大圓滿法教之前，你需要先瞭解大圓滿的歷史與傳承。」於是仁波切讓我花了兩週時間閱讀大圓滿傳承的歷史。其間，仁波切一再地提到，要清淨如實地修持佛法，就必須閱讀和瞭解歷史，從而才會真正珍惜法教，並體會到關於「佛性」的法教是何等殊勝。

　　與怙主仁波切及其佛母（我們親切地稱她為「阿媽丹確拉」〔Ama Damchoe la〕）一起度過的冬天，充滿了無量的慈悲、深刻的豐富性與源源不絕的加持。在我們共處的時間結束時，整座山谷都被白雪覆蓋。

　　正如我在大圓滿傳承歷史中所瞭解的，尤其是「龍欽心髓」（藏Longchen Nyingthig）傳承中偉大上師的生平故事一般，我真的非常幸運能有此因緣遇見這樣一位傳承中的傑出上師。領受殊勝如甘

露般的法教，最重要的是接受到無量的慈悲，這真是一種會令人感到謙卑的體驗。

大圓滿並非只是閱讀書籍、看看經文解釋而已，它是由十萬空行母加持、維繫與護持的密咒。這樣的傳承從寶貴、仁慈的上師們處如此慈悲、清淨地傳續下來，是多麼地殊勝珍貴！

怙主仁波切的證量，他堅定如山的性格，他的謙卑、仁慈、慈愛、親切與無量的慈悲，讓所有與仁波切有業緣的人都能感受得到。仁波切說：「凡是與我結緣的人，一定不會墮入三惡道。」這就是他的信心與無量的願力。

當怙主仁波切入般涅槃時，萬里無雲的晴空中閃耀著不同顏色的光芒，大地震動，就如大圓滿密續中所解釋的一般，同時他也留下了不同顏色的舍利。

《拔出你的本覺之劍》（*The Natural Great Perfection*）是一本美妙的合集，收錄了怙主仁波切在金剛歌中任運唱出的證悟和回憶，他對大圓滿密續的見解極為廣大，卻又能詮釋得十分簡要。幸運的是，其中一些殊勝的法教和任運的證悟歌都有錄音，每當我聽到這些時，總會被帶回到與仁波切共度的時光，對此我永遠感激不盡。

我祈願，透過閱讀這本書，願你瞭解並珍惜這殊勝的傳承、殊勝的法教，以及最重要的殊勝的上師！感恩上師！

願一切吉祥！

| 前言 |

佛陀法教的鮮活典範
——紐修堪布仁波切

舒雅達喇嘛（Lama Surya Das）

大圓滿法的傳承持有者

紐修堪布蔣揚多傑仁波切（Nyoshul Khenpo Jamyang Dorje，又稱「紐修堪仁波切」、「堪布仁波切」），是藏傳佛教最古老宗派寧瑪派（或舊譯派）最重要的堪布（藏khenpo；梵achārya）之一，也是大圓滿法的一位重要傳承持有者。做為一位非凡的西藏喇嘛——少數在西藏接受過完整佛學訓練的高階上師之一，他是許多當代喇嘛的上師，更是最近許多西方佛法老師的上師。

堪布仁波切和其妻子丹確桑媽（Damchö Zangmo）主要居住在喜馬拉雅地區唯一的獨立佛教國家——不丹，他們定期從不丹前往印度、尼泊爾、台灣、法國、瑞士和北美教學。最近，堪布仁波切兩次訪問故土西藏，他希望在白玉附近建立一間醫院。

堪布仁波切是一位傑出的禪修大師、學者、詩人，且是位擅說故事者，也是佛陀法教的鮮活典範。他曾在康區的噶陀寺修學，該寺是西藏六大寧瑪派寺院之一，他也跟隨許多上一代不同傳承的偉大上師們學習和修行。

他撰寫了上、下兩冊書，記錄「大圓滿心髓」（Dzogchen Nyingthig）傳承持有者的生平和歷史，本書成為記錄大圓滿傳承歷史的基本架構。法國蓮師翻譯小組（Padmakara Translation Group）已翻譯二十四首堪布仁波切的即興金剛歌，其中的十二首於1988年出現在本覺出版社（Rigpa Publications）的英文出版物中，題為「安住本然大寂靜：紐修堪布仁波切的金剛歌」（Rest in Natural Great Peace: Songs by Nyoshul Khenpo Rinpoche，暫譯）。堪布仁波切的金剛歌經常是任運寫成，以螢光麥克筆和大大的潦草字母寫在紙巾、餐巾或隨手找到的任何東西上。在大多數情況下，這些金剛歌是為不同的對象而任運地唱出，隨後在學生們的要求下被複述、錄音、轉錄並翻譯。

　　如同許多上師，堪布仁波切是一個蘊含甚深佛法瑰寶的寶藏，同時也是一位風趣而令人著迷的擅說故事者。儘管由於慢性疾病，受限於發聲的能力，但他卻不斷地講述著口頭傳說，以及對西藏智慧故事產生影響的佛教法則。在我的《雪獅的藍綠色鬃毛》（The Snow Lion's Turqoise Mane: Wisdom Tales from Tibet, Harper San Francisco, 1992）[1]一書收集的一百五十個法教傳說和故事中，至少有二十四則是堪布仁波切告訴我的。

以無限慈心教導弟子

　　在1980年代，堪布仁波切於法國南部多荷冬山谷（Dordogne

---

[1] 中文版請參見舒雅·達著，谷響譯，《雪獅的藍綠色鬃毛》，新北市：眾生文化，1996年。

Valley）寧瑪派和噶舉派的三年閉關中心任教多年。1973年我第一次見到堪布仁波切，是在印度大吉嶺（Darjeeling）類烏齊甘珠爾仁波切（Kangyur）的寺院，當時他正遭受中風的折磨，並由甘珠爾仁波切的家人照顧。但是直到八年後，當我和法友們真正有機會在頂果欽哲仁波切位於多荷冬的香特鹿閉關中心（Chanteloube Retreat center）親近他，並與其生活和學習了幾年時，我才開始欣賞到他是一位真正具有天賦的修行導師和瑜伽士。

在森林中隱居閉關的那些年，透過他的親自指引和教導，他對我的禪修和理解產生了甚深的影響。我永遠感激他在這方面的無限慈心，因為對於弟子而言，最終有意義的並非上師的地位、頭銜、聲譽或甚至友誼，而是他（她）對學生的生命和發展所產生的實際影響。

堪布索南督佳仁波切（Sonam Tobgyal）原是西藏類烏齊寺的僧人，是堪布仁波切在法國期間的侍者和主要弟子。當索南喇嘛移居加拿大教學，並留在多倫多（Toronto）創立類烏齊中心（Riwoche center）時，我有幸擔任堪布仁波切的私人侍者，偶爾也擔任他的翻譯。正是在那段時間，他讓我把我們傳承的口頭法教故事記錄下來，留給後人。

1990年堪布仁波切返回西藏，這是自1959年以來的第一次。我很幸運能成為這次朝聖的一員，這次朝聖之旅由我們的根本上師（藏tsawai lama）頂果欽哲法王帶領。自1993年以來，堪布仁波切每年應我的邀請三次訪問美國，帶領閉關、接受治療、休養，並偶爾到北美其他佛法中心授課。

正如許多上師所說，大圓滿是「當今的法教」。僅只是在一位真正的大圓滿上師面前，就能指引出我們自己的真實本性。堪布仁

波切充滿喜悅、光芒四射的存在，散發著這些廣博且甚深的法教。這本書是一個小小的嘗試，旨在以一種對今天而言易於理解和有意義的形式，分享堪布仁波切和如他一般的其他佛教大師所提供的一些永恆智慧。

致謝

我衷心感謝為這本書作出貢獻的才華橫溢的譯者們：尊敬的馬修·李卡德（Matthieu Ricard）、艾瑞克·史密特（Erik Schmidt）、阿尼洛卓·帕嫫（Lodrö Palmo）、沃德·布理斯克（Ward Brisick）、法國多荷冬的蓮師翻譯小組、大衛·克里斯滕森（David Christensen）、科琳娜·鐘（Corinna Chung）和查爾斯·黑斯廷斯（Charles Hastings）。

我還要感謝蘇珊娜·費爾克勞夫（Suzanne Fairclough）、琳達·馬蒂亞森（Linda Mathiasen）、特里·布倫南（Terry Brennan）和阿納蘇亞·威爾（Anasuya Weil），在謄寫和準備出版這篇手稿方面的幫助，以及我在雪獅出版社（Snow Lion Publications）的編輯大衛·帕特（David Patt）。特別感謝與感恩祖古貝瑪旺嘉仁波切（Tulku Pema Wangyal）和他的家人所作的一切。

願將透過這項工作所累積的任何功德，都迴向給這些修行導師和法教的長久住世及昌盛。

薩爾瓦芒嘎朗（藏Sarva mangalam）——願一切圓滿吉祥！

舒雅達喇嘛（Lama Surya Das）
麻薩諸塞州，劍橋（Cambridge Masachusetts）

紐修堪布仁波切充滿喜悅、光芒四射的存在，散發著廣博且甚深的法教。

（紐修堪布仁波切〔左〕與舒雅達喇嘛〔右〕合影。美國新墨西哥州聖塔菲〔Santa Fe〕，1993年。攝影：凱達·哈里斯〔Keda Harris〕）

只是在一位真正的大圓滿上師面前，就能指引出我們自己的真實本性。

（頂果欽哲仁波切〔左〕、紐修堪布仁波切〔中〕、雪謙冉江仁波切〔右〕合影。法國巴黎，1980年代早期）

| 序言 |
自由自在

喇嘛根敦仁波切（Lama Gendun Rinpoche）
偈頌中譯／黃靖雅
白話語譯／拉姆耶喜德

幸福非由勤作得，鬆坦之中本具足。
幸福無法透過
努力和毅力尋得，
而是已然存在於開放的鬆坦和放下之中。

本無可做不可做，身心乍現一切境，
皆非緊要非真實，何須認同與執取，
而論境與執境者？
不必過度拉扯自己，
本無任何事可做或不做。
身心無論暫時出現什麼，
都毫無真正的重要性，
也毫無真實。
為何要認同、執著它，
對它和自己作出評判呢？

一任幻戲自生起，視若濤起復濤落，
無須改變與操控，但觀萬法滅復生，
生生滅滅如戲變。
最好就是單純地
讓整場遊戲自行發生，
如波浪般湧起又落下，
不改變或操控任何事物，
且注意著一切事物如何消失。
一次次神奇地再現，
永無止盡。

幸福因何求不得？勤勇造作成遮障，
如天際虹抓不得，如狗追尾團團轉。
只因我們對幸福的追尋
而阻擋我們見到它。
它如一條你追逐卻永遠抓不到的絢麗彩虹，
或一隻狗追逐自己的尾巴。

寂靜幸福非實存，然能相伴一切時。
雖然寂靜與幸福並不如
任何真實的事物或處所那般存在，
但它始終可以獲得，
並陪伴你每時每刻。

順境逆境莫執實，無常如虹如天候。
切勿相信好、壞經歷
是真實的存在，
它們就如今天短暫無常的天氣，
也彷彿天空中的彩虹。

若欲執取不可取，無非徒勞自耗神；
緊握之拳若鬆放，空朗鬆坦在其中！
想要執取無法執取的，
你便是在徒勞地耗盡自己。
一旦你打開、放鬆緊握的拳頭，
無限空間就在那裡——開放、溫馨與舒適。

寬廣本然之自在，只須善用莫另尋，
莫入密林覓醒象，已憩自家壁爐前。
善用這廣闊、自由和本然自在，
別再尋覓其他。
切莫走入錯節盤根的叢林
找尋那覺醒的巨象，
牠已安靜地在家休息，
正在你自己的壁爐前。

無有非做非不做，無須強求無所缺。
無須做或不做，
無須強迫，

無須想要，
也一無所缺。

噯瑪吙！甚奇哉！萬法任運而生起！
噯瑪吙（藏Emaho）！神奇呀！
一切都在自然地發生。

◉ 根敦仁波切是一位高階的噶舉派喇嘛，為法國多荷冬達波噶舉林寺（Dakpo Kagyu Ling Monastery）的住持和閉關上師。

| 紐修堪布仁波切自傳 |

證悟的遊方行者

真正震撼我的並非我的上師們，
而是這本然大圓滿的法教，
那才是我經驗中真正神奇、最不可思議的驚喜。

我的父親是搶匪

　　這根本算不上是一篇修行傳記（藏namthar），它只不過是一連串苦難的紀錄罷了。

　　我於1932年出生在東藏，父親是一名綠林大盜、攔路搶匪，他會打人、劫財甚至取人性命。因為在我年幼時，父親便棄家而去，所以我並不真正瞭解他。我的父親就如你們在西部牛仔片裡所見騎馬的亡命之徒一般，習慣居住在東藏康區的荒野之中。

　　在我的親屬中，有三個男孩和七個女孩。兩位兄長都如父親般強壯、粗野，所以他非常喜歡那兩個硬朗的男孩。我是第三個男孩，性格膽小，父親便經常奚落我，說我像個女孩似的，毫無用處。我父親經常教孩子們打架，但我和其他姊妹都非常不喜歡打架，所以父親並不理會我們。

　　我的母親是個非常溫柔和充滿慈愛的人，她篤信佛法，有著無比的耐心與寬容。雖然她要撫養那麼多孩子，也要處理繁雜的家務，但她仍真誠地發願修持佛法。因為我繼承了她的溫和與慈愛，所以，她對於我實現她佛法上的願望寄予了深厚的期望。因著善德、祈願

和將自己奉獻給家庭所帶來的簡單回報,母親可說已心滿意足。

我的祖母——那綠林大盜(父親)的母親,也是虔誠的佛法修持者。她偶然間成為偉大的大圓滿上師紐修龍多滇貝尼瑪(Nyoshul Lungtok Tenpai Nyima)的弟子,他是巴楚仁波切(Patrul)的心子。藉由精通於佛法和修持,她雖然學識不多,但是因接受法教、修持並理解這些教導,從而轉化了她的性情。她不斷祈願那任性的強盜兒子能夠迷途知返,並且改過自新。

當我還在襁褓時,祖母和母親就會在我的搖籃邊一遍遍地念誦:「我們皈依佛,皈依法,皈依僧。」此外,她們也經常一起唱誦,互相討論法教,並向紐修龍多滇貝尼瑪祈請。無論他在哪裡(她們通常甚至不知道他在何處),熱切地表達她們衷心的願望,希望他能來傳法並給予加持。她們總是相互提醒他是一位多麼偉大的上師,那是我第一次聽到這位上師神聖的名字——紐修龍多滇貝尼瑪,這個名字至今都激勵著我。

當我稍長時,祖母向我解釋紐修龍多滇貝尼瑪是她尊敬的根本上師,他賦予了她新的生命。雖然她並未學過經文,但她對大圓滿有豐富的體驗,並且修持菩提心(梵bodhicitta)的法教。她一生念誦了三億遍六字大明咒「嗡‧嘛呢‧唄美‧吽」,如果用念珠來計數,念誦了一億遍咒語(梵mantra),就是所謂的「東佐」(藏toong-jor,一億)。她一生中這樣做過三次,即三億遍觀音心咒——代表大悲的咒語「嗡‧嘛呢‧唄美‧吽」,也禪修慈心。

祖母看我性情溫和,所以建議我非常適合遵循母親的方式,而不是效仿父親。她進一步地敦促我找一位具格的菩薩喇嘛來教授、指導和訓練我,並努力成為如那位上師般的證悟者,因為這是佛陀的教導。

早年的寺院生活

有三年時間，我負責照顧家裡的牲畜並做些其他類似的家務。我並未學習任何東西，但一直惦記著那位我聽過名字的上師。在這段時間裡，當我五歲那年，母親和祖母帶我到附近的一間薩迦派寺院，我在那裡剃髮並得到一個皈依法名。八歲時，我被送進了寺院。康區的那座寺院有大約一百名僧人、修行者和喇嘛，住持喇嘛是我的遠房叔叔蔣揚堪巴達給（Jamyang Khenpa Tapkye）。

安住於自然的牧童時光

做為我的親戚，蔣揚堪巴達給對我很是關照，立即有人教導我讀書、寫字，對我而言這很容易，但並非每個男孩都有這樣的機會。要留在寺院裡，年輕的沙彌必須每天到當地村莊裡乞食。至今我的腿上還留有大藏獒的咬痕，這是一種兇猛的看門狗，當我挨家挨戶乞討糌粑（藏tsampa，一種經過乾燥烘烤的青稞粉，是藏人的主食）時，牠們咬了我。當小沙彌們調皮搗蛋時，他們不僅會挨打，還會被整夜罰坐在外面受凍。那時的日子可真是艱苦啊！

在大約十歲時，我的工作是照料寺院裡的羊，有時待在寺院裡，有時到野外放牧。天氣晴朗時，我就待在外面，非常放鬆，感覺很開心，只要看著羊群慢慢吃草即可。但有時下雨，寒風刺骨，冰雹相加，連個擋風遮雨的地方都沒有。再者，我也不能眼看著羊群走進迷霧和溪谷而迷途，所以不得不四處追趕，把牠們趕到某個地方，以便晚上可以帶回去。我非常清楚一共有多少隻羊，能認出牠們每一隻的模樣，也能叫出每一隻的名字。

在春天和短暫的夏天裡，到處是明艷的花朵和鳥兒的歡唱，康區在每年的此時間直美極了！其餘的時間裡，天氣則更加寒冷難

捏。我清晰地記得童年時那些田園詩般的夏日,那時天氣宜人,我非常高興,坐在外面的陽光裡,完全自在和放鬆,羊群吃著草,我凝視著藍綠色的天空,就讓心安住著。那便是我自然、不造作禪修進展的開始。

有時鳥兒嘰嘰喳喳地叫,一些念頭就會浮現在我心裡,例如:「我在這裡做什麼,就是為了聽鳥鳴嗎?」「我為什麼會在這裡?」祖母告訴我,唯一有價值的事情就是去修持和證悟殊勝的佛法,雖然我已經進了寺院,但現在的我也只是個牧童而已。我要如何才能依循法教並得遇具德上師,而不是穿著別人穿過的舊袍子,只做一個在牧場上消磨時光的牧童?

我鼓起勇氣告訴母親,我想向一位具德的上師學習,得到真正的修行教導,並真正去瞭解殊勝的佛法到底是什麼。然後我離開寺院到另一個山谷,那裡住著一位非常偉大的高階上師——喇嘛持明蔣沛多傑(Jampel Dorje)。他是一位真正證悟的上師,也是證悟了大手印(梵Mahāmudrā)與大圓滿雙融傳承法教的大成就者(梵mahāsiddha)。

實修大手印,精通三乘法教

大約十二歲時,我就在這位偉大上師的親自指導下,開始並圓滿了五十萬遍的前行(藏ngondro)。然後,我請求並從持明蔣沛多傑處領受到止觀雙運禪修的詳細教導。依照實修傳承(Practice Lineage),我以大手印的風格來應用這些金剛乘(梵Vajrayāna)的禪修要訣。這種實修包括著名的大手印四瑜伽——專一、離戲、一味和無修,這四個瑜伽也可以用「無修」、「無整」(超越造作與無造作)和「無散」這三要點進一步闡明。

我開始慢慢地注意到,對於經典和密續的一般法教,尤其是對珍貴的菩提心而言,若無堅固的理解基礎,似乎很難在修持上取得進步。誠如經典所說:「不聽聞而禪修,如盲者欲登山;只聽聞不禪修,如登山無手足。」持明蔣沛多傑同意我的看法。於是我開始跟著寺院裡的某個重要堪布學習,他是一位博學多聞且在修持上非常有成就的堪布。我必須學習,並在僧眾面前背誦無數的祈請文、成就法(梵sādhanā)、經典和釋論,這可真是項艱巨的任務!

我學習了三乘的三種戒律,其中包括別解脫戒(pratimoksha vows)、菩薩戒和密乘三昧耶(梵samaya,密續誓戒)。我研學印度大乘大師寂天菩薩的《入菩薩行論》(Bodhicaryāvatāra),阿底峽尊者關於「修心」(藏lojong)的菩提心教導,以及無數其他相關的和「共」(一般)的法教,這些是根據經典和釋論所組成的佛教傳統經典文獻。我能背誦「十三部大論」[1]。

後來,我深入研習龍樹菩薩的中觀哲學、中觀辯證法、量學、因明、般若波羅蜜多(梵prajñāpāramitā)文獻,以及無著菩薩的「五莊嚴」(Five Ornaments)、世親論師的《阿毘達磨俱舍論》(Abhidharmakośa-bhāsya)等等。最終,我學習了整部大藏經,其中包括一百零八函的西藏藏經《甘珠爾》(藏Kangyur),以及印、藏班智達(梵paṇḍita,人學者)們所著詳細釋論構成的更大部論典集《丹珠爾》(藏Tangyur)。以此方式結合實修,我精通了三乘法教,其中

---

[1]「十三部大論」是指印度論典中最重要的十三部論,是西藏東部多所佛學院的課程基礎。包括律藏中的《別解脫經》、《律經》;論藏中的《阿毘達磨集論》、《阿毘達磨俱舍論》;經藏中屬深見派的《中觀根本論》、《入中論》、《四百論》、《入菩薩行論》,以及屬廣行派的《現觀莊嚴論》、《大乘莊嚴經論》、《辯中邊論頌》、《辨法法性論》、《究竟一乘寶性論》。

包括經典和密續——所有佛陀的法教。

因著強烈的發心，我勤勉不倦地進行學術訓練。在卓越上師持明蔣沛多傑和我的堪布座下，我接受了傳統的十二年阿闍黎（堪布）的訓練，並同時結合不分宗派的利美（藏Rimé）實修傳承的禪修和瑜伽修持，直到二十四歲。我學習了成為堪布、住持和教授所需的全部法教，並進行了與之相關的所有大乘、金剛乘的修持和閉關。我依然記得以前我是一個多麼弱小且孤獨的男孩，在一個陌生的且為各種人所取笑的地方。我也感激地銘記，在追求這些聽聞和修持的十二年裡，我無私的上師給予我不可思議的慈悲與慷慨。

領受竅訣教導

獲得龍欽巴與吉美林巴的所有法教

當十八歲時，我領受了關於心性甚深且獨特的秘密法教，即「龍欽心髓」的竅訣——大圓滿法教的核心精髓。我從祖母上師的轉世（藏tulku，祖古）處領受到大圓滿「見、修、行」的珍貴奧密法教，這些法教根據「基、道、果」三者究竟一體無分別之義，闡明了佛法與本覺（藏rigpa）、本具佛心的究竟意涵。我很快地便在修持「立斷」和「頓超」中，對這本然大圓滿、本初清淨（藏kadak）和任運自成的不二大圓滿法，產生了不可動搖的內在淨信與定解。

巴楚仁波切的法嗣（藏chodak）紐修龍多滇貝尼瑪已於數年前圓寂，他的祖古已轉世、坐床，並由他尊貴前世的弟子教導著，其中包括無能勝者——堪布雅噶（Ngakga）。正是這位名為「紐修龍

多謝珠滇貝尼瑪」（Nyoshul Lungtok Shedrup Tenpai Nyima）的祖古，在傳授法教時為我指引心性，他於是成為我的根本上師。我的名字就是從他和我們共住的紐修寺（Nyoshul Monastery）而得，這座寺院坐落在偉大寧瑪噶陀寺周圍的邊遠地區。

從這些上師處，我獲得了龍欽巴和持明吉美林巴（Jigme Lingpa）兩位尊者的所有法教。龍欽巴尊者的「七寶藏」（藏Dzodun）[2]，及其聞名的「三休息論」（藏Ngalso Kor Sum）[3]和「三自解脫論」（藏Rangdrol Kor Sum）[4]，還有吉美林巴尊者令人尊崇的《功德藏》（藏 *Yönten Dzö*）——它根據佛法寧瑪傳統解釋了全部九乘。這些經典我都能嫻熟於心，這令我感到非常喜悅！

活著的佛陀──堪布雅噶

祖古謝珠滇貝尼瑪為我傳授了大圓滿「廣大耳傳竅訣」（藏Nyengyud Men Ngag Chenmo）的法教，他是偉大的堪布雅噶的主要弟子。雅噶旺波（Ngakgi Wangpo，即堪布雅噶）是至今依然享有盛名的狂慧大圓滿上師，他是一位富有遠見的「頓超」大師，也是印度大圓滿祖師無垢友尊者（Vimalamitra）的化身（梵nirmāṇakāya；藏tulku）。當我年幼時，就面見過堪布雅噶，並從他那裡領受到某些口傳法教。但當時我年紀太小，無法在堪布雅噶座下深入參學，所

---

[2]「七寶藏」是指《法界寶藏論》、《實相寶藏論》、《如意寶藏論》、《竅訣寶藏論》、《宗派寶藏論》、《勝乘寶藏論》和《句義寶藏論》等七論，此七論囊括了顯密一切佛法。

[3]「三休息論」是指《大圓滿心性休息論》、《大圓滿禪定休息論》和《大圓滿如幻休息論》，三者是大圓滿法的總綱，亦是修持大圓滿者必備的根本論典。

[4]「三自解脫論」是指《大圓滿心性自解脫論》、《大圓滿法性自解脫論》和《大圓滿平等性自解脫論》，三者闡述大圓滿不共之獨一、無有、任運、遍布，是大圓滿中極度秘密的教授。

以，我漸次地從紐修龍多謝珠滇貝尼瑪處接受到堪布雅噶的教導。

堪布雅噶具有非凡的威嚴和無比的攝受力，是位具有不可思議風采的聖者。只是進入他的房間，便足以震懾住我們的我愛執（以自我為中心的念頭）和分別概念，無我與廣界的本覺會毫不費力地展開。儘管那時我還很小，但我依然記得當時心懷感激地想：「所以，這就是一位真正佛法大師的真實風範！任何人都會對他自然的德性光輝與非凡的修行成就感到震驚和鼓舞。在這個世界上還能見到一位活著的佛陀，是多麼地幸運啊！」

這位聲名遠揚的堪布雅噶之所以遠近馳名，原因有很多。他曾經在禪修坐墊上一坐就是三年，寸步未離。當這位偉大的喇嘛在三年禪修閉關時，他能在這整段期間處於一種本覺通透無遮（藏zangtal）的狀態中；三年中，誰也看不到從他身體上投下的任何影子。這是千真萬確的事！

當堪布雅噶在禪定中時，在例如每逢初十蓮師日和滿月十五的吉祥日，八吉祥（eight auspicious signs）的圖案就會在堪布雅噶的身上出現，因為他的身體就是真實的化身——色身（梵rupakāya），即佛陀於此世間的示現。堪布雅噶有著如此不可思議的功德，聽起來令人難以置信，但很多曾是其弟子並獲得證悟的喇嘛，都讚譽堪布雅噶如虛空般偉大。尼泊爾的夏札仁波切（Jatral）和毘盧祖古仁波切（Bairo Tulku）是堪布雅噶後期在世的傑出入室弟子。

依據大圓滿傳承記載，每一百年就會有一位證悟的大圓滿上師從無垢友尊者的心間化現出來，以實現佛陀在這世界上的弘願。十九世紀的化身是蔣揚欽哲旺波（Jamyang Khyentse Wangpo, 1820-1892），上一代則是堪布雅噶。堪布雅噶有過千位的證悟弟子，我的根本上師紐修龍多謝珠滇貝尼瑪即是他的法嗣，也是不共大圓滿

「廣大耳傳竅訣」法教的傳承持有者。這個法教是我不共的傳承和法教——殊勝經驗指引，它是基於遍知龍欽巴和吉美林巴尊者所給予的本具大圓滿心髓口傳竅訣。這是一次只對一個弟子口耳相傳的傳承，從不會對一群人普傳。此法教被認為是極其稀有和寶貴的，我也曾將它傳給了少數幾個親近的喇嘛弟子。

這一不共法教的傳承持有者和大師們都是證悟者——圓滿證悟的成就者（梵siddha），有著不可思議的修行功德，但是如今像我這樣的喇嘛，只是這些聖者們的影子而已，而那些證得虹光身的上師們甚至不投下影子。現在如紐修堪布這樣體弱多病的人，假裝傳授這種超然殊勝的法教，是多麼地荒謬啊！

在這不共的傳承中，教授無死甘露（梵amṛita；藏dudtsi）的解脫竅訣，就彷彿智慧空行母（梵ḍākinī）清新的氣息。佛法的獅吼聲已經在西藏雪域由這些偉大如雪獅般瑜伽士們宣揚了數千年，但如今有的卻是幾條如紐修堪布這樣的老狗在狂吠。不僅如此，他們還厚顏無恥地周遊世界各國、狂吠、吃別人的食物，喧鬧個不停，這簡直可笑至極！

我在噶陀寺的上師

我在寧瑪派六所主要寺院之一的噶陀寺度過了幾年。噶陀寺在藏語中被稱為「噶陀多傑登」（Kathok Dorje Den），意為「噶陀菩提伽耶」（Kathok Bodhgaya）或「噶陀證悟金剛座」（Kathok the vajra-seat of enlightenment）。康區這間擁有七百年歷史的寺院（藏gompa）被譽為「第二個菩提伽耶」，據說在此有十萬瑜伽士證得虹光身。另一個故事提到的是傳說中噶陀寺的黃色天空，因為那裡住著太多受具足戒的比丘（梵bhikṣhu），天空不斷地反射出他們所穿正式僧袍

的亮黃色調。

我在噶陀寺的上師是十二位偉大的祖古，八位是修行上很有成就、廣學多聞的堪布，這樣的堪布（不像今天的許多堪布）無所不知，能背誦整部《甘珠爾》和很多釋論。五位是證悟的上師，他們既非祖古也非堪布，但是都透過自己修行的努力，取得極高的證量，同時仍然是謙卑的修行人，也是僧伽（梵saṃgha）的中流砥柱。

圓滿所有的修持，親見本尊

在從祖古謝珠滇貝尼瑪處領受重要的竅訣之後，我在山洞裡進行了一年獨自閉關，修持「拙火」（藏tummo）——神秘的內熱瑜伽，同時專注在那些口耳相傳的竅訣法教上。我進一步地深入學習，直到二十五歲左右。我在白雪皚皚的荒野裡練習拙火，直到落在我周圍的雪都會融化。

在另一段密集的修持階段中，我曾在上師的指導下與其他幾位瑜伽士，如森林裡的野獸般生活了一段時間，無拘無束地修持大圓滿前行「區分法」（藏rushen，音「汝申」，大圓滿中的一種不共前行）。我依然記得那是什麼感覺，自由自在、無拘無束地生活，超越所有概念的限制和社會的習俗，就如過去的大成就者那般！那真是一段美好的修行時光。噯瑪吙！

我修持密宗的般若波羅蜜多成就法——「斷法」（藏Chöd，斬斷自我），即整夜都在恐怖的墳場和屍陀林裡禪修，把我的身體布施給餓鬼和冤親債主。其他時候，我就獨自在狂風凜冽的山頂和古代傳承上師加持過的岩洞內禪修，或在前往聖地的朝聖路上，或在金剛乘過去成就的瑜伽士（女）曾經禪修的如香格里拉般的隱蔽山谷，我會作供養並護持各種具善德和價值的修行事業。

我完成了依據噶舉體系的「那洛六法」和「大手印」,以及薩迦派的「道果」(藏Lamdray)、輪涅不二(藏Korday Yermay),還有《阿努瑜伽》的「時輪金剛」(梵Kālacakra)法教。我的上師印證我已圓滿了所有這些不同的修持,親見本尊,並從本尊處直接獲得加持、口傳和灌頂(梵abhiṣheka;藏wang),一如過去傳承的根本上師們。

之後我四處雲遊,從西藏現存各個宗派和傳承的其他二十四位證悟大師處,領受法教和金剛乘口傳,我也同樣敬奉他們為根本上師。到那時,我已經知道自己要追尋的是什麼,也知道到哪裡去尋找。我修持並實證了這些法教,因此成為一名不分宗派的利美喇嘛,繼承了藏傳佛教八大車乘的所有殊勝法教,這些教義現在被納入寧瑪、噶舉、薩迦和格魯等西藏四大教派之中。

逃離西藏

1959年,由於時局不靖,我和一些同儕必須逃離西藏。任何被抓住的比丘、尼師和喇嘛都會被脫掉僧袍、監禁、羞辱、毆打、殺害或被殘酷地折磨。六、七十年代西藏的宗教修行被認為是反動的政治犯罪,可判處死刑。我與所有留下來的人失去連繫,包括我的家人。直到1992年重返東藏,我才與倖存的兄弟姐妹們團聚。

感恩上師的傳法

在印度,我向許多偉大的西藏上師請求並領受完整的法教和傳承,其中包括蓮花生大士的轉世攝政敦珠仁波切(H.H. Dudjom)、頂果欽哲仁波切(文殊菩薩化身)和第十六世法王噶瑪巴。後來,這些上師和其他上師,包括人司徒仁波切(Tai Situ)、貝瑪諾布

仁波切（Pema Norbu）、薩迦崔欽（Sakya Trichen）和佐欽仁波切（Dzogchen），讓我擔任他們寺院的堪布或主持教授，旨在教育僧人和訓練佛學院的堪布辯經。

我依然恆常不斷地向這二十五位根本上師祈請，是他們給予我所知道和擁有的一切。因為即便我們認識成千上萬的人，無論賢善或邪惡，我們的根本上師才是生命中最重要的人。事實上，真正震撼我的並非我的上師們，而是這本然大圓滿的法教，那才是我經驗中真正精妙、神奇、最不可思議的驚喜，同時也是讓我最為感恩的事情。

我對於上師們所給予的教誨有無法言喻的感激之情，這些年無論身在何處，我都盡己所能地將這些法教傳授給他人，用以回報他們對我的慈悲。因為我堅信這麼做，也唯有這麼做，才具最深廣的利益。

孑然一身的苦行者

我獨自在印度生活了二十五年，未積聚任何財物，就是個孑然一身的老人，有時散步穿著紅色的藏式喇嘛服，有時穿著老橙色或黃色的苦行者（梵sādhu）袍子，或以簡單的布包裹身體。有時我會在寺院裡講授佛法，有時我也和苦行者們待在瑞詩凱詩（Rishikesh）和赫爾德瓦爾（Haridwar），沿著恆河邊，在印度教的靜修所、茅棚、披屋、樹下，在暮色降臨的任何地方。有許多不同的如夢似幻的體驗！

有時我地位高貴、生活舒適，但更多時候我則是一貧如洗、三餐不繼。然而，我內在取之不盡、用之不竭的真諦與寂靜──佛法，卻可以讓我悠然地安身立命。有時我為一大群人灌頂，其中包括幾十位轉世祖古和喇嘛，他們把一只黃金灌頂寶瓶交到我手

上,我再把它放在數以千計的僧人頭上。有時我一貧如洗,在加爾各答的街上勉強糊口,四處流浪,伸手乞討。那麼多意想不到的起起伏伏,誰又能形容呢?生活就是如此,充滿了意想不到的曲折變化——虛幻、無常、無法掌控、起伏不定。最終,我們都會死去。這是多麼奇特的現象啊!

如此之多不同的經歷、回憶和反思,不論好壞都有,就如各種不同的夢境一般。1959年的一個晚上,我和大約七十人一起逃離西藏,幾千名入藏的士兵在周圍的山裡,在黑暗中搜尋逃亡者。士兵突然開槍,機關槍子彈和曳光彈四處橫飛。第二天,我們一行七十多人,只有五人還活著,我不知道剩下的人發生了什麼事。我們的五人小隊繼續徒步穿過喜馬拉雅山口前往印度,追隨觀音尊者的腳步,在任何能找到食物、住所和政治庇護的地方,例如阿薩姆(Assam)、不丹、大吉嶺和卡林邦(Kalimpong)等地尋求庇護。

爾後,我做為難民在低地生活了多年,從雪域流亡出來,和其他人一起擠在簇擁的難民營和悶熱的火車裡,在炎熱、塵土飛揚的印度街頭乞食。若干年後,我意外地發現自己乘著噴射飛機橫穿浩瀚的大洋,在現代世界的各大首都裡坐著如車廂般的空調電梯,在巨大如針的摩天大樓裡來回穿梭,睡在豪華酒店裡以及現代起居室的地毯和沙發上,在餐廳和戶外陽光明媚的露台上用餐,被服侍得有如國王一般。

修持長壽法,攝受佛母

在七十年代初期,我好像中風了,幾近死亡。有人認為我是在卡林邦的餐廳裡被下了毒,我的神經系統嚴重受損,身體完全癱瘓了好多年。在此之前,我已經給予遍及喜馬拉雅地區的很多人廣

泛且甚深的教導和多輪灌頂，包括僧人、喇嘛、轉世祖古和在家居士。後來，我的視力模糊，腿腳也不俐落，手還會顫抖，人們都認為我即將死亡。

在那段困難的日子裡，我在大吉嶺甘珠爾仁波切的寺院裡獲得照顧。甘珠爾仁波切和他的家人無微不至地照料我，我總是深懷感激和敬意地想起他們。在印度和後來在歐洲的六年裡，來自類烏齊寺的索南督佳喇嘛一直都是我忠實的侍者。

不丹的偉大瑜伽上師洛本索南桑波（Lopon Sonam Zangpo）建議，如果我能攝受一位佛母並修持長壽法，將能改善健康（在此之前，我一直是個比丘）。這位年邁尊貴的瑜伽士，是聽列諾布仁波切（Trinley Norbu）已故妻子的父親，安排我迎娶丹確桑嫫。事實證明，她確實是一位完美的長壽佛母與法侶。自此之後，我們就在一起生活了。

過了一段時間，我被送到瑞士接受治療。我在那裡一個較大的藏族社區與我的藏族弟子們共同度過了幾年，然後在法國西南部多荷冬山谷的寧瑪中心度過了七、八年的隱居時光，只是偶爾傳法授課。有四年時間，我生活在香特鹿，並在那裡的三年閉關中心教學，之後（1984年），我的法侶丹確桑嫫從不丹來與我會合。

從那時起，我的健康狀況有所改善，我也更加積極地投入弘法利生，受到很多不同教派和傳承中心的邀請，在東、西方世界各地傳法。我和丹確桑嫫曾兩次訪問西藏，一次是1990年，與頂果欽哲仁波切及他的隨從同行，另一次是1992年，與貝諾仁波切（Penor）同行，那次我得以與家人團聚。我目前正在康區重建我的三座寺院，同時新建幾家小型的醫院。丹確桑嫫和我定居在她的家鄉——不丹首都廷布；不丹是喜馬拉雅地區最後僅存的獨立佛教國家。

如夢似幻

除了自己，誰在造業？

　　人生難道不就像是一部電影或一場夢嗎？如同在浩瀚、虛幻的海市蜃樓裡的一系列夢境嗎？從還是在康區一個目不識丁的頑皮小鬼，到現在白髮蒼蒼、戴著眼鏡、滿臉皺紋且能說會道的流浪漢，我怎麼可能一一記住那些所有發生過的場景呢？這真是令人感嘆啊！我已年老背曲，多麼神奇啊！一個老眼昏花的西藏觀光客環顧著異國他鄉，噯瑪吙！不可思議啊！美妙至極啊！

　　面對無窮無盡的變幻，除了將其視為不可避免的因果業力法則運作外，我們還能作何解釋呢？那麼，除了我們自己之外，還能是誰正在造作著業（梵karma）呢？當認識到是我們造作了自己的業時，就要對自己的經歷負責，無論它是好或壞，是順或逆，這一深刻的知見，不正是將我們從怨恨與挫敗中解脫出來，並帶來一種自由感與責任感，同時也讓我們對那些因缺乏這種覺知而遭受痛苦的人生起慈悲心嗎？

了悟自生智，解脫煩惱

　　談論自己的人生，對我可能沒多大意義，但這確實會讓我憶起所有受用過的殊勝佛法，這也是在那個動盪時期內讓人喜悅的真正原因。佛法以多種形式展現，但是都被賦予了「廣大寂靜」這一味。

　　其實我只是一個微不足道的人，我唯一的興趣就是服務、協助他人，並護持與弘揚佛法。我絕對沒有什麼特別的工作要完成，但我確實覺得，既然佛法在今生給了我如此大的利益，我非常樂意將自己的經驗提供給任何對佛法感興趣的人。我希望這崇高的佛法、

解脫的法教，在將來能夠廣為弘揚，並無遠弗屆地平等利益眾生。我不是譯師，所以無法以西方人的母語和他們交流，我只能盡己所能，在各個方面儘量體現佛法。

我很高興看到許多西方人也欣賞到佛法的重要、利益和真切的幫助，我在人生中唯一真正知道的即是佛法的善妙功德。因此，我很歡喜看到其他人也有同樣的感受，而且我知道如果他們能夠將其應用在實修中，透過思惟，他們便能從這些甚深且有意義的法教中獲得法益。

了悟到這獨特、靈丹妙藥般的自生智（藏rangjung yeshe），能一次解脫所有煩惱（梵kleśa）和痛苦，這不是非常美好嗎？我們何苦要持續無休止地追求那些無法對自他帶來究竟利益的種種繁雜學問呢？

即便是在巴黎和倫敦的地鐵上，我也看到些人（他們不是佛教徒）的修行根器足夠敏銳，只要有一位具格上師為其指引，他們就能瞬間領悟不二佛法的真實意義。當大圓滿的時刻來臨時，就是這樣了！這並非文化或研究的問題，而是一個人修行緣分和業果成熟的問題。

內在本具覺性

最近，我遇到一些誠懇追尋真正實修知識且不滿足於陳詞濫調和外在宗教活動的西方佛法修行者，這讓我感到歡欣鼓舞。這些人願意並渴望深入內心，聽聞和修持這些法教，甚至作出犧牲，只為努力培養自己的修行覺知。佛法不是無處不在嗎？除了自己內在──自己的心──之外，還能在其他地方找尋和發現它嗎？

正如吉美林巴尊者殊勝的《龍欽心髓上師瑜伽・具明點印》（藏Tigle Gyachen）伏藏（藏terma）成就法開宗明義地說：

無有佛陀無眾生，超越存有不存有，
內在本具之覺性，究竟上師勝義諦。
本然安住無攀緣，自生圓滿明覺心，
我願摯誠來皈依，真實生起菩提心。

無佛亦無眾生，超越「有」與「無」，
本具覺性本身就是究竟的上師、勝義諦。
超越執著，本然安住於本具解脫、圓滿的俱生菩提心中，
我願皈依並實證菩提心。

如吉美林巴尊者這樣的持明（梵vidyādhara）上師或本覺上師，實際上已經透過大圓滿的方法證悟佛果。儘管他從未研習很多經典，但因為智慧脈輪（梵chakra）的開展，他可以任運地寫出珍貴的釋論，唱出震撼的金剛歌，通過神秘的啟示取出寶貴的伏藏──「龍欽心髓」，並廣泛地教授，甚至在三個世紀後的今天，依然照亮我們前方的道路。

我本人尚未成佛，無論是今生的未來亦或來世，我都不知道自己會在哪裡。但這真的沒關係，一點都不重要！該發生的總會發生，絕對不需要有任何擔心。我只是對自己的上師、法教和佛陀心存感激，我也願一切眾生都能分享這些加持與功德，實際上它們確實屬於每個眾生，無一例外。因此，我恆常祈請，願所有眾生能透過各種善巧方便，結下吉祥的因緣。

願所有眾生覺醒於大圓滿之光中，實證圓滿自在、寂靜與成就！
薩爾瓦芒嘎朗！願一切圓滿吉祥，願世界乃至大千宇宙和平！

第一部 教導

除了我們自己的心之外，沒有佛。

西藏南部雅礱琉璃岩洞（Yarlung Sheldrag Cave）古老的「會說話的蓮師」雕像。這尊蓮花生大士像屬於毘盧遮那譯師（Vairotsana）所有，他是西藏大圓滿傳承最早的祖師之一。
（圖片提供：拉斐爾・德曼雷德〔Raphaele Demandre〕）

第一章
發菩提心，遣除無明

藏譯英／馬修・李卡德

「菩提心」意指淨除一切的煩惱遮障，
開顯所有的證悟功德，
這種狀態就被稱為「佛」。

聖法的目標是消除痛苦

知足才是真正的財富

現在很多人接受現代教育，提升智力，並獲得了大量的知識。他們向廣闊的科學和其他學科知識領域敞開心扉，與此同時，他們之中的許多人，在完成學業後卻想知道：「佛法是什麼？」

雖然生活在一個佛教國家，但這裡的許多年輕男女並無機會瞭解佛法是什麼，以及他們可以用佛法來做什麼。對很多人而言，佛法就是接受喇嘛們的灌頂和加持、供奉酥油燈、繞塔轉寺、穿僧袍，以及其他類似的外在活動。這樣做確實有其福德，也表示人們對宗教有著普遍的興趣，但這些只是佛法的分支，它們並不是重點。把灌頂寶瓶放在頭上的確是一種加持，但那並非我們所說的「聖法」。

那麼，我們到底需要佛法做什麼呢？要回答這個問題，我們必須先環顧四周，思惟一下自己在這世界中的處境。如果我們能這樣做，而不自欺欺人的話，就會發現一個所有眾生共有的要點——痛

苦和不滿足。

每個人都有這樣或那樣的痛苦，主管有主管的問題，工人有工人的問題。當你在街上看到一位高階主管經過時，你或許會想：「他已經達到很高的職位，住著舒適的房子，開著豪華的汽車等等，他一定是個快樂的人。」但事實並非如此。那位領導者也會有痛苦，他擔心失去自己的地位，或工作過於繁重，或被想成為世界領袖的欲望所困擾，又或家庭不幸福等等。工人不得不四處奔波，做著最繁瑣的工作，薪水卻很微薄，甚至連美國總統也擔心得不到認可，無法成功地讓整個世界受他影響等等，即使他能做到這一點，也會因需要控制局面而感到痛苦。

這些問題是否有究竟的解決辦法呢？在世俗的世界裡是不可得的。你可能會認為，如果給某個乞丐一百萬美元，那將為他帶來幸福。但完全不是如此！如果得到一百萬美元，他可能會感激擁有足夠的食物和衣服，但是隨後便會想要兩百萬美元！沒有人會長久地滿足於世俗的財富和權力。這是因為世人是迷惑的，他們不知道什麼是真正的財富、真實的權力和真實持久的滿足。因此，龍樹菩薩說：「知足才是真正的財富。」

有錢人也永遠不可能完全幸福，首先，他會沉迷於獲取財富，然後是守護和增加財富。此外，有多少人在醫院臥床不起，死於饑荒或戰爭？有多少家庭因爭吵支離破碎，最終家破人亡？這些現在可能不會發生在你身上，但誰知道呢？

儘管現代世界已經將科學技術發展到了一種難以想像的程度，但迄今為止，尚無任何機器、技巧或藥物，可以消除痛苦並產生恆久的幸福。然而，消除痛苦正是聖法的目標，而且不僅僅只是消除痛苦的症狀，還包括痛苦的根源。

觀修菩提心，消融我執

這些法教如何能達到如此崇高的目的呢？眾生受苦的真正原因不在外界，而在自身。我們受苦是因為執著、貪欲、憤怒、瞋恨、驕傲、嫉妒和迷惑等種種心毒。因此，真正的佛法是修心。

心是非常強大的，它能創造痛苦和快樂、天堂和地獄。如果在法教和修持的幫助下，你能夠降伏內在的心毒、煩惱的情緒，並且超越狹隘的無明，那麼就沒什麼能夠影響到你的幸福。但是只要這些毒還錨定在心裡，你在世界上任何地方都將無法找到最大的願望——幸福。無論你走到哪裡，自己的投射與迷惑都會如影隨形。

「修心」是一個非常廣泛的主題；事實上，它是整個佛法的主題。從本質而言，心之所以產生迷惑的貪著和強烈的煩惱，主要是因為我們對「我」、「我的」有著強烈的執著。因為這種執著，當得不到「我」想要的一切時，我們就會痛苦，當經歷「我」不想要的事物時，也同樣會感到痛苦。

正是透過反覆地觀修心和自我的本質是虛幻且不實存的，我們才能慢慢地消融我執。在所有達到這一結果的方法中，最深刻的就是觀修菩提心——無私的慈心與悲心。對一切眾生充滿慈愛，並將他人視為比自己更重要，這是佛法的根本，結合了智慧與慈悲。

淨信、虔敬心和信心

我們還必須具有淨信、虔敬心和信心。「淨信」並不意味著我們因為上師如此告知就盲目地信仰宗教，它是對於證悟的無量功德與證悟者，例如佛陀或任何證悟者（不論男女），擁有一種真實、喜悅的讚賞。它是對完全覺醒、慈悲的佛陀和充滿煩惱的凡夫之間有所區別的一種認識。這種區別很簡單，那就是佛陀的心是光明且

離於無明的,而凡夫的心則是被遮蔽的。對這種區別獲得勝解,並深切地渴望獲得佛陀的本覺智,這就是所謂的「淨信」。

過去、現在和未來的無量諸佛都是合適的淨信對象。如果在現代,你對蓮花生大士有信心,便將會得到他的加持。因為他曾承諾其對末法眾生的慈悲心,將比任何其他諸佛都更為迅猛。正如他所說:「在你生起虔敬時,我常伴隨。」

尤其是在不丹,我們可以看到很多蓮師加持的證據。如果蓮師在虎穴寺(Paro Taksang)、登古寺(Tango)、古杰寺(Bumthang Kuje)留下他的足印、手印和身體印記,這並不是因為蓮師找不到任何其他工作來做,或只是以神跡來自娛自樂。這只是為了留下他非凡修行能力的可見徵相,以之激發眾生的淨信與虔敬心,幫助並令眾生相信他話語的真實性。如果在座的任何人願意確認佛陀所傳達訊息的真實性,那麼他(她)就在那一瞬間與蓮花生大士無二無別。

我們應讚賞並感恩這生而為人的價值和機會。透過開展你內心的一切,將意義賦予自己和他人,這需要有淨信、慈悲和虔敬心。尋找內心的快樂——轉化你的心,外在世界也會自然地轉變為永恆、無死的大樂。

生起正確的態度

為了成為一個具格的法器,首要條件就是要有正確的態度,能以正確的方式接受聖法。我們應牢記,佛法的關鍵點在於影響心。如果佛法的重點是修練心,那麼我們就應該以相應的方式準備自己。為了準備好自心,我們應該檢視自己的態度:「我們為什麼要接受教導?」「我們期待從中獲得什麼?」「我們領受法教的動機是

什麼?」當我們領受法教時,更重要的是思惟這些法教的意義,而非文字本身。這些文字可能很優美、暢達和富有詩意,但那只是法教的表面而已,重要的是它們的意義——其實際的含意。

為了能夠領悟其中的含意,我們首先必須轉心向內,檢查自己的發心,透過敞開心扉來接受法教。轉心向內是非常重要的,到目前為止,由於無明,我們從無始以來就一直在輪迴(梵saṃsāra)中流轉,我們的心不斷地投射到外境。因此,第一步是轉心向內,檢視自己的態度,並覺知到此時、此地心在做什麼,覺知到有什麼心態。總而言之,覺知到自心的運作。

我們可以認為自己是佛教徒,從某種意義上而言,這是好的,因為佛教義理博大精深且受到加持。然而,我們不應該對此抱有局限和狹隘的看法。把自己視為佛教徒意味著什麼?這僅僅是出於自我主義,幫助我們感覺自己比世界上其他人都優越的另一種方式嗎?我們是真實的佛教徒、菩薩、修行者嗎?或者只是效仿我們的祖輩,僅僅表面上有如遍知佛陀的真正追隨者而已?我們應該抱持非常開放的心,並考慮(甚至是去瞭解)所有這世界上不同宗教和哲學的義理。即便這樣的知識也是相當有限的,因為不僅只有這個世界存在,還有數十億其他宇宙存在。出於佛陀的慈悲,這些世界體系中的每一個都有著解脫的法教。

同樣地,眾生無量無邊,因此將眾生帶領至終極目標的方法也是無限的,所有這些法教都是幫助證悟勝義諦——萬法的本然狀態或究竟智。但是由於各種的眾生有著相異的根器、意樂和願心,所以,就有不同的善巧方便引領他們達至究竟的理解。因此,別抱有狹隘的觀點,只考慮自己的宗教,或甚至只考慮所在的宇宙,而是要儘量開放,並認識到有無量無邊的眾生,就有無以數計的不同方

法和法教可通往終極的目標。我們應該抱持一種非常廣大且開放的態度，對所有形式的真諦，以及所有能帶領眾生達到究竟理解的道路，保持開放。

抱持這種開放心態的意義在於，認識到佛陀有如此多不同的化現，可以滿足每個眾生的需要。證悟者以眾多不同的形相，在各個不同的輪迴道中，佛心以法身（梵dharmakāya）、報身（梵sambhogakāya）或化身的方式顯現。所有這些利益眾生的方法，最終都是為了幫助我們證悟心的勝義自性。

清除無明的障蔽

在所有這些無量無邊的宇宙以及所有的眾生中，共同的因素就是他們都有心、覺知，即某種區分他們與無生命物質的意識。對於每個眾生而言，心都被無明的力量所控制，幫助眾生最好的方法就是透過不同的善巧方便和法教來清除無明，從而證悟心的勝義自性。

找出真實本性——佛性

一旦我們了知到時間、空間是無邊的，世界、眾生和佛是無量的，那麼，我們的生命似乎就如同天空中的一道閃電般短暫。不僅是我們的生命，就連這個特定的世界也彷彿就是一個剎那，即便它已經存在了數十億年，因為與整個宇宙的無限相比，它只是短短的一秒鐘。這個更大的視角，讓我們生動、鮮明地覺知到自己生命的無常與短暫。此外，因為這種無限，我們將認識到這種因緣和合、輪迴生活的過患和局限。一旦向這種廣袤無限敞開自己，我們就會

清楚地覺察到自己的局限，意識到這種有為法的變遷和無常——我們的生命和時間是多麼地短暫。我們能看到通常以自我為中心的各種關注，在這無限、閃爍的虛空中是多麼地狹隘、受限和短視。

如果看向太陽光，有時能看到微塵。根據佛教看待物質的方式，如果我們取這粒微塵的四十分之一，就會得到基本的原子或分子。據經典記載，在這粒微塵上存在著三千大千世界，在每個世界中都有著六道——地獄道以及相對的人道、天道等等，同樣也有痛苦。

如果試著去看這痛苦的根源，我們會看到它來自於愚癡的心與無癡的心之間的差別。所有這些世界中，以及對這些世界中各道的一切感知，都源於心的無明。佛法的目的就是要確切地找出無癡之心是什麼，我們的真實本性是什麼，那就是所謂的「佛性」或「內在佛」。

這一切都歸結於愚癡和無癡、執著與無執著之間的區別，即痛苦與究竟寂靜、解脫、覺悟之間的區別。這就是為什麼當開始接受法教時，我們應該檢視自己的心態，並探究當下自心狀態的原因。「它在做什麼？它感覺怎麼樣？」「心是散亂、昏沉、不專注的，或生動鮮明、警醒的？」「它準備好接受這些甚深的法教了嗎？」一切都是圍繞或匯聚於對於心的內在理解。

了知無明的心如何運作

正如三千大千世界有無量眾生一般，我們自己也經歷了無數次的轉世、存在狀態、不計其數的身體、數不勝數的生命等等。我們將一次次地投生，為何會如此呢？因為我們的心續（梵gyu）完全被業風和煩惱所制約、支配，這一切都源於無明的心。

根據經典,輪迴是無始的,但有終止,即涅槃(梵nirvāṇa)、證悟;涅槃則有起始(即證悟),但是卻無終止。就如無法給輪迴指定一個起點,我們也無法給心指定一個起點。心永遠在做它給自己的工作——產生一個接著一個而無休止的念頭(藏namtok),這念頭的鏈條束縛著我們。甚至在一天當中,我們都無法數清自己產生了多少個念頭,因為它們無以計數。當我們偶爾嘗試禪修時,往往會驚訝於襲來的念頭數量之多,好像當坐下來禪修時,念頭反而比平常的情況更多。但這種想法是錯誤的,這只是因為在禪修時,我們第一次覺知到自己一直有那麼多念頭,以及心如何失控,念頭又是如何奴役著我們。

正是因為這些念頭的作用,我們追隨它們,而讓語行和身行涉入其中,並持續如此而使業成熟。業力使生死循環一直延續,使我們在輪迴之輪上不斷地流轉而一再投生,所有這一切基本上都是源於心的無明而發生。因此,這些法教的主要目的就是要找出無癡的心性,以及無明的心如何運作。

不只是我們,還有無數的眾生都在輪迴的惡性循環裡無助地打轉,出於相同的原因而承受各種痛苦。他們所有的痛苦都來自於心的無明,如果我們想為此找到一種對治法,除了體現於佛法之中的真諦外,並無其他對治法,任何其他方法都會失敗。因此,所有宗教都旨在理解心如何運作,直接或間接地將心從無明中解脫出來。當然,宗教的某些面向並不會明確地說明「這是專門作用於你的心,利益於你的心」,但實際上,無論它是否有直接或間接地說明,所有宗教的目的都是為了將心從無明中解脫出來,並找到寂靜與幸福。

就如地球上所有的河流都流入海洋般(儘管有些河流直奔海洋,而有些則蜿蜒曲折或與其他河流匯合),同樣地,無論是否明

言，佛教的或非佛教的任何法教，其真正的基本目標都是轉化心，並最終達到真正的超越——從無明中解脫。這並不意味著所有的宗教都完全相同，但這是解脫法的關鍵要點。我們有時會發現世上不同宗教的外在表達和呈現存在明顯的矛盾。例如，在佛教中，我們說殺戮、奪取生命是非常嚴重的罪，但是在伊斯蘭教的某些方面與印度教中，山羊則被用來獻祭。但實際上，相似之處還是多過不同之處。如果審視世上所有的宗教，就會看出這一點，我們也應該與它們真正的核心原則保持和諧。

所有這些人們追求至善的各種表達和體現方式，都來自於心。心的無明力量極其強大，它牢牢地掌控著我們，要消除心的無明很不容易，但這是佛法修持的主要目標。無明與證悟、解脫與綑縛之間的全部差別，就在於心是否無明。

認出世界虛幻的本質

日常生活就如夢、幻相、回聲，那些我們極為重視、輕易相信的事物，全部都是迷妄、虛無與不真實的，就如夜夢一般容易編造。因此，一位覺醒、證悟、心已超越愚癡的成就者，會視我們平常的無明狀態就如一場夢，而不會被它所迷惑。這也是為什麼他（她）能真正引導並幫助我們解脫的一個重要原因。

我們現在的生活就如一場漫長的夢，它是比平時睡覺更長的夢。但無論是十分鐘或一輩子，夢的虛幻本質都相同。當我們知道並經歷了今生漫長的夢，那麼在死後將會有另一個漫長的夢——投生到另一個生命中。因此，只要無明仍在，一個個長夢就會接踵而來。

佛法的殊勝功德在於它讓我們認識到此生就如一場夢，夢並不真實存在，而我們在輪迴中所有以自我為中心的目標，相對而言

都毫無意義，也徒勞無功──它們無有體性，也不真實存在。我們不僅可以認識到這一點，而且佛法也讓我們有機會看到有一種方法可以遣除無明，通過善巧方便，最終達到證悟佛性──完全離於無明、圓滿解脫和涅槃寂靜。這就是為什麼佛法是珍寶（我們內心的珍寶）的原因，因為它是讓我們有機會認出世界虛幻本質的唯一方法，與此同時，讓我們超越無明走向真實的證悟。

讓我們以身體為例，來理解無明的力量和強度。現在，我們很自然擁有這個身體，且非常珍惜並執著它。身體的安全、舒適和感官欲樂是我們的主要關注之一，即執取和貪著的主要對境之一。但是如果我們嘗試依序去察看這個身體如何形成，倒回到青年時期，然後到嬰兒時期，最後只是父母的「種子」，我們就會發現，自己的整個身體是從兩顆「種子」的相遇開始。

那麼，相遇是如何發生的呢？那是由於貪欲的力量，而貪欲本身來自於過去業力的無明。因為業的制約或傾向，貪欲就出現了，它創造出一種衝動，想在依緣而生的輪迴中再次投生。心的能量執著於父母的白色和紅色種子，因此一個生命就在一個身體裡形成。然後身體會漸漸地成長，心識會形成主體性漸次發展，並執著於它。

時間接著又會來到當我們與死亡相遇時，身體會發生什麼？它將再次化為虛無，如同天空中消失的彩虹一般。當彩虹還在時，我們可以看到它非常鮮明的五種顏色，但當它消失時，它並未落入山谷，也未升上山頂──它只是消失了。我們如此執著的身體將化為虛無，唯有心識會繼續，而且它會被業力、習性和執著的力量一再地推動，去尋找父母的種子，並一直延續這個生有的輪迴。然而，我們取用的每個身體就如陶罐般，只是由五大形成，然後又完全消

失,不留一絲痕跡。

一切都是無常的,凡有生者,皆會死亡。因為無明的力量,我們的身體不斷地形成又消失,一直持續在這無盡的輪迴中。我們真正需要找到的是一種法教,帶領我們到達無癡的狀態,並從惡性循環中解脫出來。所以,每當開始聽聞或修持佛法時,我們都需要轉心向內,認真地檢視和修練心本身,因為心才是法教的主體。

轉心向內

如果我們將心轉向它自身去看看它在做什麼,它只會採用三種思惟模式。一種是負面的念頭——貪欲、瞋恨、愚癡等。下一個模式是正面的念頭——悲憫、利他、仁慈、慈愛、利益眾生的願望、虔敬等。然後是中性、無記的念頭狀態,例如當睡覺時,或洋洋得意、漫不經心時,這些狀態既非負面也非正面。除了這三種之外,念頭再無其他類別。

首先,我們需要遣除負面的念頭,包括貪欲、瞋恨和愚癡。我們無須拒絕中性的念頭,而需要轉化它們並將其帶入佛法。我們必須培養並增長正面的念頭——虔敬心、出離心和菩提心(證悟的心態)。修行就是捨斷負面的念頭、語言和行為,轉化中性的並增加正面的念頭、語言和行為。

當檢視負面的念頭時,我們會發現有三種——執取的衝動、拒絕的衝動和無明(將心封閉起來的闇昧狀態)。如果審視這些,我們會發現貪欲和瞋恨基本上是由心的闇昧或無明所引起,這意味著看不到、不理解或不認識事物的真實本質。貪著、瞋恨、執取、評判、拒絕等,都是由於對心和萬法的真實本質缺乏覺知而生起。知道了這是主因,我們就必須找到它的對治法。對治法正是透過培養

正面的心念，如虔敬心、出離心和利他心——無私地發願要讓一切眾生成佛的菩提心。

培養菩提心

我們需要培養菩提心，以此遣除產生負面念頭的根本無明。有很多法教傳授如何拒絕負面的念頭，以及轉化無記的念頭。但由於這是一個龐大的主題，我們將只會簡略地談談所有正面念頭的根源——珍貴的菩提心。

淨除染污，開顯證悟功德

若要禪修菩提心，我們首先需要有非常全面的瞭解，因為這是一個無限廣闊的主題。為何會如此呢？因為它涉及到要理解三千大千世界中所有眾生普遍的無明。不只是我們自己，包括我們的父母和一切眾生，都曾在無數生世中受著迷惑，並且因為無明，也都無一例外地遭受痛苦。

因此，培養菩提心的基本即是要瞭解眾生無明與痛苦是如何地深廣。只有當覺知到陷入無明和痛苦的眾生、世界是無量無邊時，我們心中才能生起真正的慈悲心和解脫眾生的願望。因此，我們需要覺知到無明和痛苦的程度，不要變得沮喪或悲觀，而是如實地看待事物，並為自己和遍及各處的一切眾生帶來最好的結果。

我們所說的「菩提心」是什麼意思呢？「菩提心」在藏語中譯為「chang chub」（音「強秋」），此詞有兩個基本意義，首先，「chang」意指「淨化」，以佛法的語言來說是指「淨除二障」；就平常的用語而言，這意味著清除心中一切的瑕疵、染污、不足和過

患。當我們說到「chub」時，它意指「被賦予」或「賦有」，這意味著將心中所有本具功德或潛質開顯到究竟的程度。因此，「菩提心」意指淨除一切可能的過患，開顯所有可能的證悟功德。為什麼我們會說這是菩提心或證悟心呢？因為起點是蒙昧——無明的心，終點是證悟的心。所以，菩提心涉及心的淨化與究竟開顯。

當心的淨化和所有證悟功德究竟開顯時，亦即心的所有功德都實現、一切遮障都淨除時，這種狀態就被稱為「佛」、「蓮師」或「觀世音菩薩」（梵Avalokiteśvara）。它無非是一種所有功德都被開顯的證悟狀態，我們無須被心的種種相狀所迷惑，因為所有心相都具有同一本性。

那麼，我們為什麼要禪修菩提心（證悟心）呢？這是因為我們現有的狀況——痛苦和無明。當所有無明都被遣除，這就是所謂的「成佛」，即人實現所有究竟功德並遣除所有過患的狀態。那麼，當從凡夫的無明狀態朝向證悟狀態時，這就是所謂的「道」。但是這種覺性其實已存於我們的內在，因為它是我們自己的真實本性。

這本具的佛性（每個人內在根本的菩提心）就如同虛空般永遠廣闊、清淨和不變。在這甚深的本性中，佛果的功德就如太陽閃耀的光芒；證悟功德無欺與無量的妙力就如海洋，所有的星辰都可以映現其中。佛的證悟功德就如這般自然地於我們心中現起，我們只需要去實證、揭顯和發現它們，透過在法道上修持菩提心，便可將心從無明中解脫出來。

不淨心與清淨心、愚癡心與菩提心之間的區別，主要在於狹隘與開放。在目前無明的狀態中，我們的心是極其狹隘的。例如，我們獨自生活，鮮少考慮到無量的眾生。心愈是受限與狹隘，它就愈只是想到自己，完全不顧他人的福祉、快樂和痛苦。相反地，證

悟的佛會考慮無量無邊的眾生，而不是只關心自我和個人。因此，整條法道（從凡夫到成佛）就是心逐漸地打開，這就是我們所謂的「菩提心」或「發心」，字義即是「增長與開顯證悟的心態」。「增長」的概念在此是指從主要關注自己的完全狹隘心態，而變得開放、有愛心，其範圍本能地涵蓋無量無邊的眾生。

思惟如母眾生的慈恩

　　從完全自我為中心的心態開始，我們必須找到一種方式，以打開和突破這種緊閉的狹隘。我們該如何做到真正開始誠摯地關心他人的福祉，認識到他人與我們自己並無太大差別呢？

　　基本上，我們可以如此進行：由於自私，我們對父母有一種天然的感情和愛，他們在今生賦予我們生命並養育我們長大。如果善用已經存在的這種自發感受，我們就可以逐漸地將它擴展到其他眾生身上。運用善巧方便，我們首先思惟母親的慈恩，她生養、教育我們等等。從這種對母親慈恩的感激，我們會生起想報答這種恩情的願望，心就開始向利他的態度開放。以此為基礎，我們可以有意地將這種基本的溫暖擴展到其他眾生身上，這便是將心增廣至對一切眾生具有慈愛的禪修基礎。

　　修持菩提心的第一步是覺知到其他眾生的慈恩。正如佛陀所教導的，這要從感恩母親的慈恩開始。例如，如果有人給我們一百美元，或主動開車送我們去目的地，我們會認為他是個非常仁慈的人。但實際上，這與母親的慈恩相比非常微不足道，她以自己的血肉造就了我們的身體，在我們無助時日夜地照顧我們。我們從一出生，若無母親不斷地照料，連十分鐘都待不下去。

　　因此，佛陀自己也說過，布施身體是我們在世間所能找到的最

偉大的慈恩之一。我們需要覺知並感恩這份慈心，如果只是認為：「這畢竟沒什麼了不起，她這麼做是為了利益她自己，為了自己的好處」，那不啻是一個非常嚴重的誤解。為了增長菩提心，我們首先必須覺知並感恩、讚賞給予我們人身的這個人，以及給予我們莫大助益的其他人。

即使在平常生活裡，這也是一個常識問題。如果有人對我們做了一件極大的善事，我們會心生感激並以某種方式回報他的仁慈，每個人都會認為我們做了正確的事情。但如果有人為我們做了非常好的事情，我們卻以特別邪惡的方式對待他以作為回報，那麼，我們就會被視為壞人。

我們應該從感恩他人的慈恩開始，尤其是母親。然後應該思惟，在我們的生生世世中，沒有一個眾生不曾是我們的母親或父親。因此，我們毫無理由不像對待父母般，對一切眾生懷有自然的愛和感激之情。這樣做會引生一種寬廣的心態——菩提心，對一切眾生無分別地懷有同樣的感恩，並以祈願今生父母一切安好的方式祝願他們一切安好。

因為心具有這證悟的潛質，它可以透過修持而愈來愈增長，這就是為什麼菩提心可以滋養而變得極為廣大的原因。一旦它變得廣大，就會擁有無限的力量。

悲心的力量

有很多聖者的生命故事例證了悲心的力量。例如，著名的聖者洛本巴沃（Lobpon Pawo），他一直修持悲心。有一次，他在森林裡遇到一隻母老虎，牠已經飢餓到無法餵養幼虎。他便想把身體布施給老虎，但即使他已經是圓滿的菩薩，當準備布施身體時，還是體

驗到一種本然的猶豫和懷疑。他將懷疑轉化成完全的開放，直至願意將身體布施出去。為了描述菩提心、悲心的圓滿開放過程，在把血布施給母老虎之前，他以自己的血在石頭上寫下了如何生起菩提心的詩偈，這些偈頌（梵shloka）至今仍然能在《丹珠爾》中找到。然後，他就把身體布施給了老虎。

十一世紀的西藏菩薩、寂天菩薩的轉世——無著賢大師（Gyalse Ngulchu Thomay，著名的《佛子行三十七頌》作者），能讓所有的動物在他隱居所平靜地生活，甚至狼都可以和羊一起玩耍。儘管對羊而言，狼通常是兇猛的敵人。這是因為他持續如此強烈地修持菩提心與慈悲心，以至於甚至可以改變野生猛獸的心。

通過修持，我們有可能真正地發菩提心。曾有一位偉大的上師紐修龍多滇貝尼瑪，他是巴楚仁波切的主要弟子之一。他在山洞裡禪修了十年，只思惟菩提心。有一天，紐修龍多在一座小山的森林上方，聽到山下平原上傳來一個聲音，似乎有人正騎著馬、唱著歡快的歌。雖然紐修龍多看不見那個人，卻能聽到他的聲音。

因為紐修龍多是位修行有成的瑜伽士，他以天眼通看到騎馬者只剩下一天的生命，而當他想到那匹馬時，他看到牠只能再活一個星期。突然間他意識到，那個人從未思考、憂慮、意識到生命的短暫與脆弱，以及輪迴的不完美，還有業力將如何把他一世世地拖入更深的痛苦裡。這深深地觸動了紐修龍多，看見那個人在這苦海裡如此盲目地快樂，他內心生起純粹的悲心，而不可抑制地哭了七天。之後，他因對一切生命擁有不可思量的任運悲心和慈心而聞名於世。

這恰恰就是心性，它可以增長和進展超越其目前的局限性。然而，它能以正面和負面的兩種方式增長。如果我們持續地專注於

負面的方式,心就會在負面中變得非常強大。例如,要殺人起初似乎很難,但是因為透過慢慢地變得更加殘忍和麻木,我們甚至可不假思索就奪走成百上千的生命,而幾乎不會引起我們內在的絲毫衝突。同樣地,我們也可以在善德中增長心。

淨化和訓練自心

因此,最主要的是淨化和訓練自心,正面地轉化內在的心態和動機,這在藏語中稱為「lojong」(修心)。

我們不必認為自己只是一個公務員或農民,有工作和家庭要照顧,因此不可能成為真正的佛法修行者。從某種意義上而言,如果有這樣的責任和義務,我們可能無法花大量時間專注於三摩地或閉關中。但從另一個角度而言,情況又並非如此,因為佛法的精髓是珍貴的菩提心,它可以在任何環境和活動中得到培養。這是所有人在從事任何職業時都可以增長的,這才是真正的佛法。因此,在以身體和語言參與任何活動的同時,我們都可以在心中修持佛法。

話說:「發心若善,則一切道途皆善;若非如此,則一切道途皆惡。」如果我們擁有清淨心以及明確的利他心,雖然可能會遇到困難或痛苦,但最終一定會獲得快樂與幸福,這是擁有良善發心、積極態度和清淨心靈的必然結果。如果我們擁有非常邪惡、未調和與負面的心,雖然可能會得到暫時的成功,但最終將不得不在地獄等惡趣中嚐到苦果。只有我們心的特質,才會為自己和他人帶來快樂或痛苦。

菩提心絕對可以透過有意識的培養而增長。要做到這一點,我們可以參考各種教導,例如前述無著賢大師的《佛子行三十七頌》,或阿底峽尊者的《修心七要》,或寂天菩薩的《入菩薩行論》,以

及其他關於將心轉向無私慈悲的清晰教導,這將為修行奠定良好的基礎。

菩提心是所有修持中最核心的修持。簡單地說,它就是極善的心,真誠地希望圓滿自己,從而有能力使一切眾生解脫痛苦。它是基於了悟眾生皆如同自己,想要離苦得樂;然而,大部分眾生無法達到如此的目標。菩提心有兩個面向——勝義與世俗,或真諦與慈愛。

為了利益一切眾生而獲得證悟,我們希望接受教導並付諸實修。有些眾生天生就有這種圓滿的態度和良好的心態,有些眾生則必須去增長它,更有一些眾生必須付出巨大努力才能適應這個想法。但無論情況如何,總有一種方法可以轉化心並增長菩提心。培養善念,那會引領我們達到涅槃——超越痛苦的覺悟;但是如果習慣於惡念,那將把我們拖入三惡趣。在兩種情況中,都是依賴根據某種思惟方式來修心的力量,從而達到特定的結果。這就是為什麼我們必須努力培養自己心性的原因。

初轉法輪——基本教法

佛陀分三個階段向眾生說法,稱為「三時」,在這三個階段中,佛陀轉動法輪,這也稱為「三轉法輪」。

初轉法輪是所謂的「基本教法」,包括四聖諦、八正道,以及「無常、苦、無我」三相和十二緣起等等。我們可能誤以為上座部(即「小乘」)是較低階的,其實不然。最好把上座部傳統稱為「基礎乘」或「根本乘」,意即所有的教法都必須建立在這個基礎之上,其中包括在佛陀所教導的戒律(梵vināya)和經典中建立良好

的基礎。

　　因此,所有大手印、大圓滿和大中觀這些高階法教都必須以此作為支持的基礎,而此基礎必須非常堅實,獲得充分準備。這是佛陀的初轉法論。

二轉法輪——中觀

「基」是二諦,「道」是二資糧

　　一旦人們的心適應了更深的真諦,佛陀便開始了二轉法輪,這個深刻的見地就是大乘佛教關於「空性」(梵śūnyatā)、「二諦」(世俗諦與勝義諦)和「中觀」的法教。這次的轉法輪被稱為「無相法輪」,其中的法教根據「基、道、果」而解釋。就中觀法教而言,「基」是二諦(勝義諦和世俗諦)雙運;「道」是兩種資糧(福德資糧和智慧資糧)雙運,福德資糧與色相、表相密切相關,智慧資糧則超越色相和表相。「果」是二身雙運,即佛的兩個面向,代表究竟身的法身與色身兩者雙運。色身來自於福德資糧,法身來自於智慧資糧。

　　在中觀裡,我們可以區分出兩個面向——「勝義中觀」和「言詮中觀」。前者是萬法的真實本質,後者意味著勝義中觀的表達方式,以便眾生能夠理解它。單靠勝義諦無法幫助深陷無明的眾生了悟究竟的意涵,因此,這　意涵由證悟者們表達出來,並非透過正理或分別念,而是來自證悟之清淨智慧的表達。

　　言詮中觀有兩個分支,一個是來自佛陀本人說法的言詮中觀,這可以在般若經及其很多分支中找到。第二個言詮中觀可見於佛陀

的偉大追隨者們所著的釋論中,這些追隨者如龍樹菩薩、月稱菩薩、無著菩薩、聖天菩薩和寂天菩薩等,他們所著的釋論都是為了方便眾生理解而闡述佛陀的話語。

有關義理的論著如此之多,除非我們詳盡地深入鑽研這些研究,否則很難清楚瞭解所有的差異。基本上,中觀最究竟的見地是由龍樹菩薩、月稱菩薩及其追隨者們所主張的應成派(梵Prāsaṅgika)見地。此外,中觀派內部還有自續派(梵Svātantrika)。

事實上,一切事物的根本基礎和真實本質是空性,這在所有中觀派中都是相同的,唯一的區別在於人理解勝義諦、空性的能力。有些人以狹隘的方式看待它,有些人則以完全開放的方式看待它。當人試圖表達和思考空性時,將根據每個人所在的階段和根器,而以不同的方式表達和闡述。這就導致勝義諦有了不同的表達,但根本基礎始終都是空性本身,它堅不可摧、恆常不變,且超越各種不同的法教。

勝義諦與世俗諦

中觀的基本主題是二諦——勝義諦和世俗諦。藏語「Uma」(音「烏瑪」)一詞是指「中觀」,其真正的意思是「中心」或「中間」,所指的即是勝義諦。為什麼稱其為「中間」呢?因為它不落入任何一邊,始終保持在中心。基本上,我們可以設想出四邊——有、無、生、滅。為了正確地看待勝義諦,我們不應相信任何一邊,而必須保持在一種既非有也非無、既非生也非滅的狀態,超越兩者皆是、兩者皆非。

我們也可以把「來與去」、「生與滅」、「有與無」、「同與異」等等概念,視為是極端(邊)。中觀的基本見地是超越所有邊見的

空性見地,它被稱為法性(梵dharmatā)或勝義自性,亦被比作天空——無有邊界、中心與外圍、內與外,超越因緣與限制。勝義諦超越任何參照或限定。

當我們談到世俗諦,它指的是整個現象世界——生命的不同面向,包括情器世間,他們的展現方式、特徵,以及各種不同的大種(元素)、蘊和識等等。透過始終不離勝義諦的空性,去解釋顯相如何生起與發展,並暗示其中的業力法則,這就是所謂的「世俗諦」。我們要把重點放在了悟二諦是不可分的,現象世界的真實本質是空性,在這空性當中,現象世界得以展現。

關於二諦的基本法教,龍樹菩薩在中觀五部主要的論著中皆有所解釋,聖天菩薩在《中觀四百論》中對它們作了進一步的闡述。印度和西藏的班智達們,例如龍欽巴和宗喀巴兩位大師,繼續在中觀的基礎上構建了大量文獻,但這一切都歸結到理解二諦及其相互的關係。

當我們說「萬法皆空」時,這並不意味著僅僅是一片空白或無菌真空,毫無功德或潛力。事實上,它承載著覺悟的巨大功德和潛力。

舉例而言,如果我們說「這個杯子是空的」,這種認識並無了不起的功德,或說「那個空間是空的」,這種發現也無多大幫助。但是,透過中觀的見地認識到「萬法皆空」,則會帶來很多成果和取得偉大成就的可能性。了悟到「萬法皆空」或「無我」的人,自然會對一切眾生產生任運、無勤的悲心,因為眾生並未了悟空性的真理,繼續因無明和執取而受苦。認出空性、開放、無我的本質,並在這了悟中取得進展,將使我們獲得圓滿的證悟,並開展所有其他無量的證悟功德。它會產生淨觀,讓我們在每個眾生身上感知到

佛性。

對於內心處於闇昧、愚痴、無明的凡夫而言,只是簡單陳述「一切皆空」的事實,並不能幫助他們擺脫這種無明。就如在夢中一般,實際上什麼也沒發生,然而因為你在做夢,就會感知它為事實,並因自己的狀況作出相應的反應。因為眾生實際上把無明當作真實的存在去經驗,所以需要依賴世俗諦的善巧方便,才能逐漸理解勝義諦。如果沒有無明,就無須關於世俗諦的所有法教,但是只要眾生仍深陷於無明之中,他們就需要依靠這些法教。他們需要依靠世俗諦開展過程中會發生的法則,即萬法的法則——因果業力的必然法則。

理解「無我」,二諦雙融

對於空性的瞭解是透過對於真實「無我」的理解而達成,「無我」即意味著單獨、個體的自我不存在,獨立的「法」也不存在。萬法——外在諸法、內在心理活動或獨立存在的本體(noumena)——實際上並無獨立的存在性。

月稱菩薩以七相推求而清晰地闡述了「人無我」。[1]他舉木車為例,認為它就如所謂的「阿特曼」(梵ātman,自我),只是相互依存的元素聚合,與我們所認為的「我」幾乎無關。木車不是輪,也不是軸,我們甚至無法組裝這些物件後就找到一個實體。那純粹是給某物貼上的標籤,其本身並不實存。

就如給一組星辰命名為「北斗七星」,但不論何處都找不到一

---

[1] 月稱菩薩造,法尊法師譯,《入中論》第六章,第151頌:「如車不許異支分,亦非不異非有支,不依支分非支依,非唯積聚復非形。」

個「斗」或任何能傾倒液體的水斗。理解了自我不實存之後,我們將開始分析一般諸法的不實存。如此一來,我們就比較容易理解二諦雙融的意思——空的、開放的本質,以及萬法無礙的神奇顯相。

中觀之「基」即是勝義諦與世俗諦二諦,中觀之「道」是直接體驗二諦雙運的真理,這必須經由福德資糧與智慧資糧來實現。智慧資糧意味著保持在平等捨的狀態中,並且思惟空性——超越一切分別概念與特相。平靜地保持在勝義自性中,就是所謂的「禪修」。在下座後累積福德資糧,因為我們的行為與空性的理解相應,因此它自然成為善德。

智慧資糧的累積是超越表相的,福德資糧則與表相有關。當我們想到布施、持戒、忍辱、精進、禪定、智慧等六波羅蜜(six paramitas)時,就會有一種幫助他人的想法,因而具有「主體」、「客體」和「行為」,以及一種具分別概念的框架或表相。中觀之道是將在禪修中所獲得的對勝義空性的理解,應用在無垢染的菩薩事業中,並經由實踐六波羅蜜而具足福德資糧,最終證得佛果。

圓滿兩種資糧的原因並非因為個人的緣故,而是因為累積這些資糧後會產生「果」。智慧資糧的「果」是法身;福德資糧的「果」是色身。法身是證悟勝義自性或法性、萬法性空、顯空雙運的終極目標,這種證悟有著無量的證悟功德,猶如太陽散發光芒般任運展現。我們說佛陀有十力、十八不共法、十自在等等,這些都是正等正覺的佛陀具有的證悟功德,是法身或究竟法身所本具,這本身就是佛性和智慧資糧之果。這意味著諸佛會任運地顯現為修行老師、菩薩等等,以便用無數的方式幫助眾生。

在色身中,我們區分報身(細分層面的顯現)和化身(粗分層面的顯現),後者是凡夫所能感知的。化身的顯現包括祖古

轉世的菩薩上師、修行老師、大菩薩，以及如釋迦牟尼佛等的佛化身。三寶也可以顯現為任何利益眾生的事物，如藥物、橋梁、經典、佛像等等。如此一來，兩種資糧之「果」既是法身（究竟證悟），又是色身（為了利益眾生而作的無數顯現）。

證悟空性，生起慈悲與淨觀

光說「一切事物的本質為空，而空性與色相、顯相無二無別」，這似乎非常容易。但是，這是個極其深奧且難以透徹理解的思想，大中觀思想是個和證悟本身一樣廣闊的主題。與中觀的見地相比，我們平常的感知，就如透過針眼或吸管窺視天空和直接看見天空本身的區別。

當我們說「空性」時，無論視野所見的是寬或窄，就如從吸管所見的比喻，看到的都是相同的空性，但是在幅度上、理解上和真實了悟上卻有巨大的差別。瞭解空性需要的不僅僅是智性上的理解，當對空性的真正理解愈來愈深、愈來愈廣，直至了悟空性的勝義諦與說明萬法業力法則的世俗諦兩者在根本上雙運時，才能增長為正等正覺。

在整個修行過程中，我們需要讓自心變得更寬廣，少一些僵化，多一些開放。這種努力在諸多方面都是值得的。在日常活動中，我們的心通常都是狹隘的且封閉在自己身上，因此，很難實現任何目標，或真正的與他人建立連結，並以無私的態度對待他人，這種封閉的心只會導致悲慘的後果。

但是相反地，如果精進地嘗試敞開自心，我們將會自然地生起悲心、對三寶的信心、內在的平靜，以及對他人的淨觀。這種心態不僅能帶來遠離障礙的幸福生活，而且也正是逐漸以完全開放且無

依緣的方式，來理解勝義諦與萬法甚深本質的道路。在禪修和日常生活中，我們持續打開心，使其免於限制，逐漸超越分別概念、心理闇昧、煩惱和無明。

我們可以在聖者們的生命中看到了悟真諦是多麼地有力量，空性的證悟自然會產生無量的慈悲與淨觀。勝義諦的終極目標是證悟空性；世俗諦的終極修持是實修菩提心、慈悲心。

當我們說二諦雙融時，是因為當人證悟空性時，他會自然、任運地具有慈悲心，完全無須造作。修持菩提心會自動引領我們理解勝義諦，這並不是兩個截然不同的事物；相反地，它們總是一起出現。所以，努力地增長我們對勝義諦的理解，同時努力運用菩提心的善巧方便，不斷地把它們連繫起來，是很重要的。

我們對於二諦（世俗諦與勝義諦）的修持必須密不可分，必須以勝義的觀點從上而下去理解，同時根據自己個別的能力和意樂，以世俗的修持自下而上地攀登靈性的高峰。這就是大圓滿教導中「自下往上攀登時，也應從上往下俯衝」的意思，這樣的修持結合了二諦，也被稱為「依據勝義而理解，依據能力而修持」。這是最圓滿且有效的修持形式，幾乎可以應用在任何特定的修持形式，也包括日常生活中的世俗活動。

這些就只是幾句教導的話而已，對於這個或任何其他的教導，我們所需要做的是持續訓練自心，從而打開、顯發、調柔並轉化它。首先，聆聽教義，然後深入思惟，最後透過將其應用至實修來吸收。如果我們這麼做，就猶如煉金術把賤金屬轉變成黃金一般。當進行煉金術操作時，如果用鐵開始，它將會變成黃金；如果用銅，它將會變成黃金；如果用銀，它也將會變成黃金。

同樣地，如果我們以菩提心來應用這修心法門，無論從事何種

世俗活動，是為自己、他人或政府工作，或做生意等等，我們都會把一切活動轉入法道。就如煉金術能把任何金屬都變成黃金一般，菩提心的修持能將任何活動、念頭以及我們所說的話語，都轉入佛法修持。所以，保任、持續並增加修心訓練是極其重要的。

迴向祈願，分享福德

為什麼在教學結束時，都要進行迴向祈願和分享福德呢？因為我們所作任何善行的福德，都取決於我們是否將其迴向。如果為了利益一切眾生並希望他們都能獲得證悟而迴向，它就真的會幫助一切眾生達到那種狀態，因為我們都相互關連且相互依存。祈願是非常強大、有效和深遠的，善行的能量從迴向的那一刻起，會一直不間斷地持續到目標達成。

如果我們不把福德迴向給一切眾生，善行的能量就會立刻消失。在善行的當下，它會產生積極的效果，但是它不會持續下去，也不會極大地幫助我們和他人獲得證悟。最好的作法就是將行動迴向，同時保持對勝義自性的理解，就如圓滿之諸佛的理解。念誦數百次如此的迴向祈願文，會無限量地利益我們的修行成果，並幫助其他眾生獲得證悟。因此，迴向非常深奧和重要。這些永遠不應該被忽視，而應該始終應用至我們的任何修持，以及日常生活裡的任何善行之中。

◉本章內容是在不丹王國的一次教導。

第二章
你就是大圓滿

經文、法教和修持都只是究竟之道的映現，
大圓滿的真正含意是你自己的本性，
而不是你需要從外部找到的東西。

一切都取決於我們的發心

　　一切證悟者皆已證得圓滿無上的佛果，包括我們在內的一切眾生也能如此。這並非只是上師與弟子之間的私事，它展現出我們無限的本初自性、我們內心的至深處——菩提心，這是與一切眾生密不可分的天賦。

菩提心能利益一切眾生

　　就日常生活的世俗層面而言，菩提心即是悲心、慈心和無條件的接納。就勝義或究竟層面而言，菩提心包括一切眾生最空性、最開放、最神秘的面向。這是菩提心的兩個方面——世俗與勝義、真諦與慈愛。

　　當我們懷著自私、狹隘、利己的動機，不論做什麼都是非常有限的，而且很可能是暫時的。當我們在這個娑婆（多刺的、如玫瑰叢般的）世界裡，只關心這一生時，我們的範圍就從原本的樣子

縮小了。西藏有句俗諺:「萬事皆由發心而定」,這表明時時刻刻培養菩提心(利他、無私的發心)的重要性。有了如此光明的心,即便是最微不足道的言詞、作為和行動,也會產生廣大且有益的影響。這就是菩提心的轉化妙力,是名副其實的如意寶,如同諺語所說的點金石般,無論你碰觸什麼,都能點石成金。

懷著深具意義的利他菩提心,無論我們所展現的行動是大或小,都會為遍及各處且包括過去、現在和未來的一切眾生,帶來廣大且深遠的利益,因此動機的範疇明確地含納一切眾生。無論是禪修、祈願或其他明確的修行活動,我們所作的一切都取決於自己的動機。

根據因果業力法則,「果」總是無誤地跟隨種子或「因」,首先就是發心,其次是取決於自己的身行。當我們只為了自己的快樂或幸福,或養活自己,或為自己尋找安慰時,這就是所謂的「小肚雞腸」或視野狹隘。這甚至不像為自己的家庭或父母工作,或做為孩子的監護人。當我們為了家人和朋友而讓動機更寬廣時,心就會有所敞開。最重要的是擁有善良、清淨而真誠的心,這實際上是我們所有人的根本心性,即使我們通常並未實現它。

我們會發現自己經常與家人、同事等發生衝突。認識到這種情況會不可避免地發生,是重要且有幫助的,但不必將其視為一個大問題,因為一切都取決於我們的發心。透過純淨與善良的心,始終從利益他人的角度出發,我們便可以去做任何事情,並將其整合進法道與修持中。佛法的核心本質就是利益他人的菩提心,相較之下,無論做了什麼都是次要的。如果我們培養善良的心——利他無私的心態,那麼,所有的衝突與鬥爭都將透過善心的接觸而自然得到平息、淨化、轉變,甚至能利益他人,這便是做為「菩薩」的我

們要努力去體現的。

即便我們學佛修行多年，如果有染污、不淨的發心或自私的心態，我們的道路就會受限，發展也會受到阻礙。如果某位老師傳授很殊勝的開示和其他形式的法教，但其發心是染污的，那麼這些法教的利益也會非常有限。一位修行上師必須完美地體現清淨的心，充滿任運的布施，以及以服務為導向的溫暖、利他的菩提心，即在世俗和勝義的意義上，能真正幫助他人和減輕痛苦的純正願望。

人們常常發現自己處於困難的人際關係中，只要我們仍受制於業和煩惱（矛盾、衝突的情緒），那就不可避免地會經歷無數的起起伏伏。然而，如果人們致力於互相幫助、服務、共同成長與覺醒，無論如雲霄飛車般的跌宕起伏如何出現，所有環境和情況都是完全可行的。這就是在日常生活中實際運用菩提心的例子，其實這才是重點。

菩提心是真正的佛法修持

當修持菩提心、祈願或禪修時，我們看似孤單，好像只是為自己而修行，但事實上我們不是只為自己修行，也並不孤單。一切眾生都相互關連，就此意義而言，他們全都在場或受影響。密勒日巴尊者唱道：「當我獨自在深山禪修時，過去、現在、未來的一切諸佛與我同在，大恩上師馬爾巴、一切眾生俱同在。」

我們不是僅僅在為自己修行，因為在這個圓滿清淨的發心上，每個人都參與並包含在我們祈願和禪修的廣大範疇中。所謂「獨自的禪修或祈願」的自然流露即是任運地利益他人，它就如太陽的光芒，陽光會自動地向外輻射。這種善良、清淨、廣大且開放的心，在藏語中被稱為「sem karpo」（音「森噶波」），是指「潔白的心」，

意即清淨、廣大且開放的心，這是本具的菩提心。如我們所熟知的，它對我們而言並不陌生，可以更常去理解、培養、生發並體現它。我們談論廣大甚深的法教，例如大圓滿，但是如果沒有這種良善、無私的心，那它就只是閒聊、綺語，而流於理論。

如果一個男人在尋找伴侶，但出於自私的原因，有時他只是想要一個讓自己快樂的女人，而很少考慮如何利益或幫助其伴侶，這種關係一開始便已建立在非常有限的動機或意圖之上，其結果也是可議的。很多人住在酒店裡，酒店花很多心思讓客人滿意，但總體而言，他們唯一的動機是賺錢，讓客人滿意的理由是為了自己的利益。僅僅為了自己的利益，以如此有限的方式讓別人快樂，這最終能有什麼利益呢？

如果人修持這極其殊勝且甚深的大圓滿法教——不二的大圓滿，但心想：「我想要大圓滿，我想要覺悟，今生就要得到它」，這其中有甚多的執取、急躁、狹隘、自私，怎麼可能會有大圓滿呢？這與大圓滿的廣大、無條件的開放恰恰相反。這就是我們偏離正道，成為狂妄的修行者甚或變得瘋狂的原因。如果我執、我愛執和執取實有的心依然強烈，怎麼可能有任何真正的大圓滿，有任何解脫、開放和本初圓滿的真實本然狀態呢？

如果你修持菩提心——修心、慈悲祈願、自他交換（藏tonglen）等等，這些修持看似是分別且世俗的，但是它們實際上恰恰包含了大圓滿本質的勝義諦——廣大開放、心胸寬廣、清淨、解脫且無執。無私的心與不二的開放、廣大的空性無二無別，大圓滿可以如同初雪般是本初清淨且不受垢染的，但是以染污的動機或不淨的自私願望趨近它，會是一種巨大的局限。當你在雪裡撒尿時，原本白色的雪會突然變成黃色。

「菩提心」一詞的藏語是「sem kye」（音「僧給」），字義是「心的打開或綻放」，它是心胸狹隘、自我關注、自我收縮和狹窄的反面。無論我們走在大圓滿、金剛乘、菩薩乘、根本乘或任何其他的修持道路上，如果懷著清淨、健全的心態和寬廣、包容的心，那麼，我們的修持就是真正的佛法修持，它與真正開放和解脫心靈的修持一致。這是「菩提心」的真實意涵。

體驗光明大圓滿的本然狀態

也許天空始終都是澄澈、清亮、廣闊、無邊的，但是當大圓滿的時刻到來時，就彷彿太陽突然升起一般。這並非說我們本具的自性天空被改善了，但似乎確實發生了某些事情。太陽升起的這個譬喻指的就是「rangjung yeshe」（音「讓炯耶喜」），即我們自性中任運、自生的本覺智或本具的覺醒開顯。這是大圓滿時刻，自生本覺智（本智）的開顯。

這就是藏語「nyur de dzogpa chenpo」的意思——「迅捷大圓滿」，即一條無須苦行或艱苦修持的法道。它直接、迅速、廣闊、自然而且安樂，是可行的！

在人的一生、一身乃至自生本覺的剎那，這金剛薩埵——自生本覺智——的開顯，就如熾熱的內在太陽般閃耀。當你與這自生本覺智連接時，當你如實地修持大圓滿時，這短暫即逝的人身瞬間就變得有意義了。而且不僅是這一生，甚至生生世世，以及所有與我們有緣者的生命，都會變得有意義。這光明本具大圓滿本然狀態的體驗，意味著消滅一切形式的我執和二元性，粉粹對事物及其顯相實存的執取。

生命本有的解脫是任運、自成的，所有的迷妄感知在這本覺智開顯時都不復存在。出於二元執取、無明而有的眾業和煩惱，在無二本覺的明光照耀下無法存在，一切都會壞滅。因為煩惱從一開始本就無生，而解脫、圓滿的生命和本覺自無始以來就是任運自成的。就在那一刻，行者清晰而徹底地獲得了悟。

　　在這廣闊、光明的甚深悟境中，很容易誤入歧途。我們當然知道需要寬廣、開放、利他的菩提心，也能看出本具的大圓滿（一切事物的勝義自性）超越分別心和二元的感知。但我們仍然以一種非常受限和集中的方式在窺視、找尋（偏差點就在此時出現），並想知道：「什麼是大圓滿？大圓滿在哪裡？它是什麼？我想要去感知和體驗它。」

　　這是自然的，但是它如果蓋過我們對自己真實本性的認識，便是一個偏差點，認出本覺之後就無須沉溺其中。這就猶如遇見某人並認識之後，我們不用思考太多就能想像出他的模樣，就會有一種直覺上的自由，不受懷疑和猜測的影響，而且會更進一步獲得更直接、第一手的領悟。

在日常生活中活出佛法的真諦

作意的禪修是「心」的修持

　　我們還可以進行許多富有成效的探究，例如，當某個念頭出現時，便注意到：「那是一個念頭。它從哪裡來？它要去哪裡？它去了哪裡？」「我在大手印法教裡所聽到的，應該認出的念頭之間的空隙或開放空間在哪裡？」

這與實際的大圓滿修持幾乎無關——這是「心」（藏sem）的修持，是作意的禪修，而非本覺修持本身。然而，這些提問確實是大圓滿前行修持的一部分，有助於幫助我們區分「心」和本覺。

　　危險在於我們過早地聽到太多內容，而認為已經理解空性，卻在勝義諦的層面上錯誤地墮入斷見（即虛無主義的見地），並被分別概念所遮蔽。龍樹菩薩說：「那些錯誤地執取物質實有的人，可見是可悲的，但是更可憐的是那些執信空性的人。」那些相信事物實有的人，可以經由各種修持、善巧方便得到幫助，但是那些墮入執空性深淵的人，幾乎不可能再出來，因為那裡沒有手可以抓住的東西，沒有階次、次第的修持法，完全無計可施。

　　我們很容易被錯綜複雜的思想所迷惑，然後在毫無結果的猜測中使自己精疲力竭，幻想破滅，並最終放棄。這就是我們在獲得真正體驗和付諸實修之前，便聽到諸如大圓滿和空性之類不二法教會有的過患。但究竟是誰在作出這些有問題的、有點荒謬的勤作呢？是起念頭者（namtok-er）——戲論的或分別的心。藏語「namtok」（念頭）意味著分別念和戲論想，所指即是二元心。「起念頭者」意指妄念的心、二元分別的心，它產生了這些無止境的、有問題的勤作。

　　這台念頭的機器（分裂的智性）有兩大家族，一個家族是三毒（煩惱）或五毒，這代表了傳統上提到的八萬四千種煩惱的繁雜多樣，包括各種不同的念頭，以及負面和正面的情緒、無明等等。這個起念頭者（二元心）有三個部分：（一）過去的念頭；（二）現在的念頭；（三）未來的念頭。

　　這台念頭機器（二元心）也有三組姻親或親戚：（一）善的念頭、言語和行為；（二）不善的念頭、言語和行為；（三）無記的念頭、言語和行為。這並非只是煩惱（如瞋怒、愚癡和貪著）的問

題,而是念頭的問題,即使善的念頭、行動和行誼(如慈心、悲心和虔敬心)也是念頭。無記或中性的(甚至是潛意識的、未被認知的念頭)也是念頭,因為它們都是在有限的心、二元性和無明的現狀中。

結合見、修、行的本覺修持

那麼,如何與所有這些念頭家族和部落建立連繫呢?如何在日常生活中活出佛法的真諦,它在哪裡才真的有價值,才能真的發揮作用?透過「自生起即自解脫」的本覺修持,我們經驗中的一切其實都是任運出現、任運變化、任運解脫或釋放的,完全無須我們插手。我們無須干涉、操縱或造作任何事情,這是以大圓滿觀點看待一切事物的方式,無論是正式的座上修,或下座後在日常生活中的任何時候。此法結合了本覺修持的全部三個面向——見、修、行。

本然大圓滿超越分別心的修持、見地、觀點或視角。因此,對於萬法顯相,我們的態度無論是迎取或拒斥,即對於內或外的一切所緣境、一切念頭,不論是採取耽著或抑制的態度,這些都是屬於「作意」的禪修。這是種造作和設計,而不是本覺的修持,一如狗追著自己的尾巴。它既非大圓滿修持,也不是任運自生自解脫的本然無修。

直到我們能認知到一切念頭、色相與顯相、所有的心境,包括心的體性和外在諸法,都是無實的、空的,本質如夢,才是屬於大圓滿修持。而且要認出這些念頭、顯相開放的明性,以及包括自己無私、開放與光明的本初佛性。除非我們能夠離於固著以及隨意攀緣或強迫性的反應,否則業就會不可避免地累積起來。然而,安住

於本覺——認出自己的本初自性，享受著本具覺性、不二本覺的自然流淌，業力因果和痛苦的根源就會被斬斷。

此外，異熟果的諸緣也不再能夠聚合，而使得過去行為尚未現起的殘餘業力都無處成熟。這就如同海上生起的波浪，無有任何方法可以讓它們成長、破壞、擾動，或真的改變海洋，唯有的僅是表面的一點波動而已。

這就是我們如何以大圓滿的方式與自己的佛性產生連結，那就是透過在一切顯相、一切生起和所緣境裡，將每種活動都整合進修道之中。這揭顯了大圓滿本具的解脫和圓滿——本覺那永恆不變如海洋般的本性。

如果我們被希冀和恐懼、期待和焦慮所綑縛，就要再次重新定位自己，以大圓滿的見地為北極星，好好地導航自己。因為這表示我們並未安住於本覺，而是仍然捲入純粹的分別心裡，這不是大圓滿的修持。

世俗修持的重要性

然而，如果我們尚未實現目標，又怎能停止尋覓呢？為了實現目標而搜尋，我們需要先認出搜尋者的自性。

對上師的虔敬心和信心，是確保我們貼近大圓滿法道精髓的唯一修持。有些人過早地斷定，如大圓滿這般精要、直接、赤裸的不二圓滿法教，不需要甚至不應該要求信心、虔敬心或世俗修持，就此而言，根本無須任何形式的刻意培養。這樣的人草率地得出結論，認為利他的菩提心、善行事業、道德和相關的修行，都與甚深大圓滿的本然修持毫無關係。

從某個角度來看，可說真是如此或接近事實。所有這些事情

確實都在世俗諦的範疇內，屬於「心」的層面，這是不可否認的，如此的修行並不必然與大圓滿相同。大圓滿本身是超越心的究竟實相，因此，在某種程度上，認為信心、虔敬心、刻意地精進以及世俗修持的培養並非大圓滿本身（事物的勝義自性、勝義諦、自生或任運的本覺智），如此的說法也並非不準確。的確，這些世俗的修持是心，也是念頭，它們並非大圓滿本身。

然而，這些世俗的修持對於如我們這般依然生活在世俗世界中的人而言，是非常重要的。我們不能否認業力的運作，以及因緣如何繼續綑縛著自己。對於那些能於剎那間了悟，並在同一剎那完全實證大圓滿佛果（本覺）的人而言，他們無須再做任何世俗的事情，也無須生活在這個世間。然而，這樣的人只要他們以色身顯現在世間，多數必是高尚、理智清明的人。……為什麼要傷害和我們自己一樣的其他人呢？

打開天空的鑰匙

如果你想進入一間房子，便需要從門進去。當然，最初你確實需要通過門，但是在瞭解了房子之後，便會看到其他進入的方式，例如窗戶、煙囪等等。但在大部分的情況下，我們可能仍然會使用門，儘管不一定限於哪種進入的方式。同樣地，當人實證本覺（勝義諦）之後，他通常會繼續在這世俗的現實中運作，外表普通、內在清明，在生活中謹守道德戒律，慈悲地行事等等。我們為什麼不如此呢？頂果欽哲仁波切說：「當你真正理解空性的勝義諦時，便會深刻理解業力在世俗諦層面的運作。除此之外，還有什麼其他東西能使事物運轉起來呢？」

大圓滿如同打開天空的鑰匙，天空是包括了房間裡的開放空間，淨信、信心和虔敬心就如開門的鑰匙。屋內和屋外的空間都如本覺般廣闊、包容，但是如果要進入，首先似乎需要一把鑰匙。此外，對於大多數人而言，我們通常需要住在房子裡，儘管「房子」這個名詞只是猿人時代之後才被提出的概念。即便概念框架有些局限，但我們怎麼能否認它們的便利性呢？

　　在這個比喻中，鑰匙似乎與房子不同，但要進入一間上鎖的房子卻需要鑰匙，淨信與虔敬心就如本具大圓滿這棟寬敞宅邸的鑰匙。一旦真正進入房子，我們就會知道有關房子的一切，並且能以不同的方式受用它。

　　珍貴的菩提心以及無價的信心、虔敬心和悲心，還有一切的世俗修持，都能支持大圓滿的究竟證悟且甚有助益，所有金剛上師都贊同此關鍵點。一切世俗和勝義層面的實相實際上密不可分，究竟的證悟或菩提心的勝義面向，即是大圓滿、本覺、如來藏（梵 tathāgatagarbha）或佛性，這就是我們所說的寬敞宅邸、終極居所。

　　一開始，我們可能會構想鑰匙、門、窗、天花板和牆壁等等。但是當我們在裡面安家之後，如同對本具之本覺般的體驗一般，它就彷彿傳說中的珍寶之島，即使在那神話般的島上到處尋找，也找不到一小塊普通石頭或一點泥土。同樣地，在廣大的本覺中，所有的念頭和感受都只會被視為法身的展現，甚至連最微細二元念頭或感知都不可得。

　　本覺這不可思議的宅邸或城堡就如一間巨大的空屋，它無須被上鎖、保護、加固或維修，因為如小偷似的二元念頭無一物可偷。念頭可以隨意來去，因為無一物可執取，也無一物可丟失，更無一物需要保護。非比尋常！噯瑪吙！多麼奇妙啊！

一切都是好的

　　一切都是大圓滿的本質，你就是大圓滿，你的居所是大圓滿，你的本性是大圓滿（本具大圓滿），無有一物可以獲得或丟失，這即是本初佛性的本性或狀態——普賢王如來（藏Kuntuzangpo，音「昆圖桑波」；梵Samantabhadra），其字義是「一切善」（All-Good，普賢）。一切都是可以的，一切都是好的，需要做的都已完成。

　　證悟的大圓滿傳承持有者——祖師龍欽巴尊者，他是本初佛普賢王如來的人身化現，他解釋在明光的大圓滿中有五種偉大的圓滿。他說：「輪迴是本初圓滿的普賢王如來，涅槃是本初圓滿的普賢王如來，一切感知與顯相是本初圓滿的普賢王如來，空性是本初圓滿的普賢王如來，一切都是本初圓滿的普賢王如來。」噯瑪吙！奇妙呀！所以，普賢王如來迸發出聞名的十二金剛大笑——宇宙之笑，這是一種清淨喜悅的迸發。

　　薩惹哈尊者（Saraha）也唱過一首金剛歌，他瘋狂地舞蹈並揮舞著手臂，解釋說一切都是「那個」。薩惹哈唱道：

　　十方所見皆無物，唯有本初佛陀尊，
　　無有手臂亦無腿，僅只無限明光域。

　　在這十方世界中，無論我看向哪裡，
　　除了本初佛陀之外，什麼都沒有。
　　他沒有手，也沒有腳，
　　只是一片無邊無際的明光領域。

在同一首金剛歌中，薩惹哈唱道：

**所有精勤業已成，無須另做他事想，
留有時間可遣用。**

現在我們的工作已經全部完成了，
沒什麼需要做的了，
卻留有時間可做任何我們想做之事。

這就是我們需要唱跳的究竟歌曲和舞蹈。當修行是真實的，那就可以成為你的歌曲、你的舞蹈、你的實相——我們的實相。我們所需要的就是已經領受的，它可以放在我們的手掌中。請珍惜它，讓它就保持於現在的位置。無論你渴望什麼、想要什麼、需要什麼，它都與你同在。它與我們同在，它就是我們。無論數以千計的釋論、經典和法教如何以聲波充滿整個無線電波，它們的全部精髓就是認出自心的真實本性，並修持或實證它。

享受本具的大圓滿

基督徒有本名為《聖經》的好書，《聖經》裡又分為兩部不同的《聖經》，此外，還有很多圖書館裝滿了自《聖經》首次出現以來的釋論。在西藏，這兩部《聖經》以過時的十九世紀耶穌會傳教士的翻譯形式存在。在印度教有《吠陀經》、《奧義書》、《薄伽梵歌》等等，流傳非常多精彩的經典和釋論，其中有許多已經在過去一千多年裡被翻譯成藏文。《古蘭經》也有相當多頁數，過去千年裡也有很多其他著作源自於此。在世界宗教和靈性傳統之外，有許

多的書籍、哲學、科學、心理學、政治觀念,以及其他有趣的事物可以閱讀、研究和思考,它們就如原始森林裡的樹葉無以計數。

但是無論是否知道所有這些事情,如果我們能夠發現並認出任運的本覺智——一切事物的真實本性(大圓滿或本具佛性),就是發現問題的核心,也是我們所需要的一切。這是萬能的靈丹妙藥,可以治癒一切疾病,消除所有的無明和疑惑,徹底地解脫和自在。

十七部大圓滿密續就如同本初佛的經典,主要的一部名為《普作勝王續》(藏Kunshi Gyalpo Gyu)。如果我們理解大圓滿的含意,只要聽到這樣一部密續的題目就可以解釋一切——一切心行只有一位偉大的王者、主人,這指的當然就是本覺或佛性,即我們自己的本初自性。修持唯一的意義,就是理解、認識並真正深切體驗到一切事物的真實本質。

如果你真的想要學習和聽聞大圓滿,有很多著作可供研習。例如:龍欽巴尊者著名的證悟三論——「三休息論」,由岡瑟(Guenther)英譯,另一部甚深的三論——「三自解脫論」,則尚未翻譯成英文;龍欽巴的「七寶藏」;持明吉美林巴創作的許多金剛歌,包括他詳盡的《功德藏》;以及上世紀末證悟的遊方行者巴楚仁波切,和他同時代的喇嘛米龐上師(Mipham)所寫的諸多令人歡喜的著作。最近,已故偉大的寧瑪派法主、我們敬愛的上師敦珠仁波切,以他無數證悟的詩歌、著作和寶貴法本來莊嚴了這個世界。類似的著作有一整個宇宙之多,我們非常幸運可以與之建立連結。

我們也很幸運,因為無須全部閱讀這些內容,經文、法教和修持都不是究竟之道,它們只是究竟之道映射出的影子。大圓滿的真正含意是你自己的本性,而不是你需要從外部找到的東西。真諦無法在書中找到,它只是在書中被描述出來而已。它不像食物必須被

吃進去,而且來自於外在。法教並不完全如食物,食物只能暫時解除飢餓,而證悟內在實相的勝義自性,才是唯一真正持久的成就和最大的滿足。

大圓滿本身就是三寶。它是我們的身、語、意(三身或佛身)的本初自性,讓它安住於本然大自在、無罣礙的自在中,對一切事物感到適意並和平共處。無須專一安住在任何所緣境上,也無須去分析或試圖釐清、理解事物,那些都是初學者為了進入這究竟、無二之修持所作的前行基礎。一旦你被指引出真實本性,並認出它,你就可以真正地開始修持大圓滿了。因此,要安住於本具的大自在中,對一切事物保持開放,覺知著本覺本身——本然的狀態。

遍知的龍欽巴尊者最偉大的著作之一就是《心性休息論》(藏 *Semnyi Ngalso*)。這是指本具的休息,並非極度精進和奮發努力後的結果。「Semnyi Ngalso」(心性休息)也是其獨特禪修姿勢的名字——雙手放在膝蓋上,目光自然向前凝視。如果你想要學習龍欽巴大師的所有著作,那麼,安住在這種坐法(梵āsana)的本具大休息中,就圓滿了你的學習。

請享受這本具的大圓滿,現在它都是你們的了。

◉ 本章內容是關於世俗、勝義菩提心的教導,講於美國為期兩個月的大圓滿閉關中。

第三章

遇見本覺

紐修堪布仁波切與舒雅達喇嘛　合編

當我們於自己內在看到這真實本性時，
就再也沒什麼需要看的了，
八萬四千法教中再也沒什麼可尋找的了。

頂禮本初佛普賢王如來，內在的佛！
頂禮遍知法主龍欽巴尊者！

在自己的心續中認出佛性

佛性——存在於每個人之中，是覺悟本身的精髓，其精髓永遠清淨、無損、無垢。它無增亦無減，它不因留駐涅槃而有增長，也不因誤入輪迴而退墮。它的根本精髓是永遠圓滿、無遮、寂靜且永恆不變的，但其表現形式卻多種多樣。

本覺是法身的一部分

那些認出自己真實本性的人就是覺者，那些忽視或忽略它的人就是愚癡者。除了認出佛性並獲得穩定而安住其中外，無有其他方法可以證悟，這意味著在自己的心續中真實地認出佛性，並透過只是保持其相續，來訓練這種透徹的「認出」，既不改變也不造作。

所有的修持和法道都匯聚並包含在這個關鍵點裡。這種「認出」就是佛與凡夫之間的唯一分界線，這也代表了我們生命中每時每刻所處的重要十字路口。如幻般的輪迴和涅槃經歷就在此時此地開始，看見本具大圓滿的當下，那個剎那超越過去、現在和未來，就如看似永恆的瞬間——無時間性的時間。這就是所謂的「第四時」——無時之時，超越三時，法喜充滿或本覺現前時那妙不可言的瞬間。

本覺（本初的存在、本具的覺知）是本初覺醒的——解脫、無縛、圓滿且不變，然而，我們必須在自己的生命中認出它。本覺是我們法身的一部分，那些忽視它的人已經忘記自己的真實本性，以至於受制於痛苦、業力和困惑。我們必須認出本覺，才能實現自己全部的潛力，即證悟本身所帶來的崇高喜悅、寂靜與解脫。

已故的頂果欽哲仁波切說過，偉大的瑜伽士和證悟的行者所想和所需的，無非就是了悟內在明覺的根本體性。中世紀印度成就者帕當巴桑傑（Padampa Sangye）將般若波羅蜜多希解派（Prajnaparamita Shijay）和「斷法」帶入西藏，他說所有的希望和祈願都可以在本然的狀態下實現。噯瑪吙！不要忽視這點。

本初佛普賢王如來（本覺的化身）是大圓滿法教和傳承源頭處那無相的法身佛。從未陷入二元對立的思惟，在清淨顯相的無限化現中保持著解脫和圓滿，那即是其淨土（pure land）或佛土（buddha-field），包含著輪迴和涅槃中萬物的無二無別。

人我和法我都不實存

然而，眾生被無明的念頭和顯相所欺騙，墮入二元的念頭中，執取主體與客體的幻相，因此陷入不淨相（受緣起有制約）的翻滾

海洋。我們錯誤地將不可言喻、自生的、與生俱來的本覺,感知為固化的「我」或「靈魂」,感知為自我——一個單獨存在的個體。我們一次次地把自己羈絆又綑縛,永無止境。

無明是使我們在輪迴中流轉的唯一原因。諸佛知道並理解凡夫眾生所忽略、誤解和忽視的東西——一切眾生的真實本性,這就是諸佛與凡夫的唯一區別。

祖古烏金仁波切說:

> 在道上產生的迷惑可以被清除。當我們將暫時染污本覺的污垢去除時,我們就會再次證悟,而非本初證悟。這要透過追隨一位完全具格上師的口訣來完成。

根據大乘佛教的空性法教,萬法的本質都是空的且開放的,這包括身心和一切外在諸法。萬法都是無我的、無法控制的、不可靠的且無常的,它們完全沒有獨立的自我或永恆個體的實有性。對這一究竟空性的理解是透過瞭解真正的無我而實現,這即意味著人我和法我都不實存。

任何事物都無法被確認為「有」(存在)或「無」(不存在),也不能被確認為兩者皆「有」或兩者皆「無」。這是龍樹菩薩及其追隨者們發出的甚深獅子吼,他們闡述了中觀派的中觀哲學——無上的空性法教。

然而,在這開放和空性中,難道不存在著一種認知和清楚分明的明性或明覺,就在當下和生生世世中真的肯定發揮著作用嗎?正是因為心的空性本質,實際上就是法身(勝義諦的無相之身),本質上是光明的、覺知的、認知的(這是報身——清淨的明光或明

燦的能量），然而，它們卻毫無阻礙地顯現為動態慈悲的多樣化現（化身，或轉世祖古、證悟事業的色身）。如此理解，三身不可分離地本具在我們自己的心中，這不是顯而易見的嗎？

米龐仁波切（或「麥彭仁波切」）在〈文殊大圓滿基道果無別發願文〉（Prayer of the Ground, Path, and Fruit）中說道：

> 本來住故不依勤作修，亦不觀待根基差別等，
> 自心簡易難信之秘密，願以上師竅訣力見之。……
> 願能安住無作自成義。[1]

> 從最初至今，它並不依賴於修行，
> 也不取決於個人能力差異之類的事情。
> 願這看似簡單卻難以置信的心性要點，
> 透過上師口訣的力量而被認出。……
> 願我們任運地圓滿於無作的自性中，超越有為與無為。

佛性遍及一切眾生，當大圓滿的智慧被傳授給某個眾生時，這並不關乎此眾生是否擁有敏銳或聰明的頭腦。為什麼呢？因為阻礙我們證得大圓滿的原因，並非大圓滿是個與我們本性不同或遙不可及的東西。如果我們無法看到自己的眼皮，那並不是因為它如同一座遠山那般遙遠，事實上，它非常近，卻很難看到，心性事實上也是如此。

---

[1] 全知麥彭仁波切造，索達吉堪布譯，〈文殊大圓滿基道果無別發願文〉。頌文出處：https://www.lotsawahouse.org/zh/tibetan-masters/mipham/great-perfection-manjushri。

若有執著，則無見地

如何被指引出心性？

我們要如何才能被指引出這樣的本性呢？如果我們處於一種不受過去念頭影響，不去邀請未來念頭，並且也不受當下念頭打擾的狀態，在當下這個清新的剎那裡，有一種離於所有分別概念的智慧。我們應該保持在這種狀態裡，不落入昏沉，不讓自心本能地退縮，也不遊移於外在的對境。

正如密勒日巴尊者所說，證悟在於一種簡單的能力，即認出超越念頭的智慧和念頭之間的空隙。但僅只是瞥見這智慧還不足夠，我們需要達到堅實與穩定。儘管一切眾生都具有佛性，但他們卻猶如國王的嬰兒時期——剛出生的王子。他雖然天生擁有王室的血統，理應成為國王，但他尚未具備治理國家、保護了民、擊敗敵人或行政管理的所有能力。

真正輕而易舉幫助到我們的是上師的教誡：首先，領悟大圓滿的見地；其次，獲得技巧並完善它；第三，在證悟中達到圓滿的穩定。我們不應該期待頓悟，密勒日巴尊者說：「不期待結果，至死要修行。」

開始時，我們應該經常進行短時間的修持。我們對見地的信心會逐步增強。總有一天，我們的內心會生起確信，正在經驗修持的「主體」會消失。當證悟完全綻放時，我們就會變得如遍知的龍欽饒絳尊者（Longchen Rabjam，即龍欽巴尊者）一般。我們應該發願要看到念頭的消失點，因為上師的了悟會經由此進入，並與我們融合。

了悟事物的本然狀態

米龐喇嘛祈願道:

戲論觀察妄加分別心，尋覓修行自己徒勞因，
緣法修習延誤入樊籠，願能斷除戲論痛苦根。[2]

戲論或檢視都不過徒增分別概念而已，
努力或修持只會讓自己精疲力竭，
專注或禪修只是更深入糾纏的陷阱，
願這些無法令人滿足的造作從內心被斬斷。

如果我們以智性觀察，那將永無盡頭。以智性觀察就如一隻小鳥從海洋中的一艘船上飛下，試圖找到天空的盡頭。天空如此廣闊，小鳥的翅膀如此疲憊，以至於牠別無選擇，只好再飛回到船上。同樣地，如果我們進入心的造作裡，那將永遠無法結束它們，而只會讓自己疲憊不堪。

見地不是某種與所緣境、所依物或與目標有關連的事物，如果存在這樣的目標或依緣，那就會有執取。話說：「若有執著，則無見地。」摻雜了執取和依緣的見地，不能被稱為「大圓滿」。如果有分別念，我們就會將顯相與空性視為兩個對立的東西，這樣將永遠無法趨近證悟佛心，佛心是離於一切依緣的顯空不二。

如此一來，我們因為尋找不同的方法，而造作不同的練習，使自己精疲力盡。我們以三種方式耗盡自己：

---

[2] 出處同上注。

（一）創造諸如分別念的造作。
（二）付出很多力氣。
（三）在心中製造很多對境或目標。

這是三件真正讓我們疲憊的事情，就如同一隻被蜘蛛網纏住的昆蟲，牠愈爬動就會愈被困在網裡。這給心製造了真正的痛苦和真實的折磨。

如果我們決定無須戲論、勤作，也無須設定任何目標，我們就能安住在如天空般的廣闊狀態中。這是勝義自性，在其中我們消弭了「所見」（被看見的事物）和「能見」（正在看見的主體）之間的分別。這才是見地，亦即對事物本然狀態的了悟。

米龐喇嘛寫道：

遠離言思雖無見何法，亦無未見所剩之餘法，
自心深處堅信甚深義，願證難以詮示之真如。[3]

超越念頭或描述，並非一個可見之物，
然而，也沒有任何額外事物可被看見。
這就是確信之心的甚深意涵，
願這難以闡述的自性能夠被了悟。

那麼，如果本然大圓滿遠離一切分別念、勤作和所依，我們該做什麼來證悟它呢？般若經說：「般若波羅蜜超越念頭」，它不應該被構想，因為它不可思議，也無法形述，勝義諦不是凡夫的

---

[3] 出處同上注。

心所能理解。為了向眾生說明這一點，諸佛以相對的方式解說，空性的本質如同天空，明光的顯現如同太陽。但事實上，即使佛陀也無法完全表達出心性，沒有任何言語或例子可以解釋它，它完全超出眾生世俗的心，但它也並非如以前不存在而第一次出現的新東西那般。

當擺脫了一切概念化和心理造作時，我們就看到了這個本性。當噶瑪恰美仁波切（Karma Chagme）證悟了勝義自性（大手印）時，他對朋友說：「這個東西一直伴隨著我，這是我一直都知道的東西。你為什麼不早告訴我這就是大手印本身呢？」當我們於自己內在看到這真實本性時，就再也沒什麼需要看的了，八萬四千法教中再也沒什麼可尋找的了。

般若經說：

關於心：心不實存，
它的妙力是明光。

基、道、果

安住於無作之中

持明吉美林巴尊者在〈勝義自性金剛頌〉（The Diamond Verses of the Absolute Nature）中唱道：

縱百學者悉達皆稱謬，願此無滅無住亦無生，
法性不為迎拒所染污，了知此即「任成之本性」。

> **真實本性縱分三次第：須知基、須行道、須得果，**
> **然三次第實則如虛空，祈願任運安住無作中。**

即便百位學者、成就者稱此見地有誤，
此處無有滅盡，亦無有駐留或生起，
願這法性狀態不被迎取和拒斥所染污，
以任運自成的本性被了知。
儘管真實本性被分為「須了知的基」、
「須踐行的道」和「須成就的果」，
此三者皆如虛空中之次第，
願我們任運安住於無作本質中。

　　事實上，從一開始，事物的本然狀態、成佛的本性功德（如來藏）就是完全光明的，沒有任何改變，完整無缺地存在於每個眾生之中。在法道上，佛性永遠不會改變，它不增亦不減，無須經過任何修改。

　　再說到「果」，這一證得的佛性已臻圓滿，無須任何增補，佛陀的發現已是極致。事實上，從事物的本然狀態來看，根本無須區分不同的「地」（梵bhūmi）或階次，諸如起點、道路和目標這類的事物根本不存在。所有這些都猶如試圖看出天空中不同的輪廓、層次或界限，我們可以在智性上作出這樣的配置，但實際上天空中並無如此的細分。如果我們說：「這是天空的頂部，那是天空的底部」，它依然只是天空。

　　事實上，無須做什麼，所以我們就可以安住在無作之中，超越造作與不造作。我們已經擁有這圓滿不變的本性，所以為什麼還要

努力完善自己、淨化自己、親近上師、走在道上呢？這個問題不可避免地會出現。

一般而言，前八乘的見地和禪修都摻雜了些心理造作，但是第九乘（阿底瑜伽或大圓滿）則完全超越了智性的活動。

廣闊的天空可以被視為「空」或「明」，但「明」與「空」是一體的。從本質的面向來看，它超越了見、修、行的區別。但也有一個顯現的面向，即所謂的「見」，就是找到自己的本性；「修」就是將一切帶回這個單一點或信念；「行」就是透過讓念頭任運自解脫的方法而獲得淨信。

現見離苦的法性

米龐喇嘛寫道：

一切所緣即為見解毒，一切勤作即為修習過，
一切取捨行為之險隘，願能現見離苦之法性。[4]

無論專注於何物，都是見地的毒藥；
無論努力作何修持，都是禪修的過患；
無論採納或捨棄什麼，都是行持的阻障；
願我們能了知這離於一切過患與限制的法性。

這應該是怎樣的見地呢？見地應該完全離於執取。正如偉大的薩迦派上師扎巴堅贊（Trakpa Gyaltsen）在一次淨觀中親見文殊菩薩

---

[4] 出處同上註。

對他說：「若有執著，則無見地。」見地完全不受依緣、分別念、性相的影響，對見地而言，對境、所依、目標和假設都如同毒藥，有了這些，見地就不可能清淨。如果有人服了毒藥，就會立刻死亡；同樣地，見地也會因為執取常見或斷見而被破壞，而這變成了進一步於輪迴流轉的「因」。以此方式而執取，我們永遠無法擺脫自我的網縛。

根據大圓滿，如果我們在禪修時陷入勤作、執取和緊繃，那就是一種過患，我們應該安住在無造作的見、修、行中。對這樣的瑜伽士而言，無論他以身、語、意做任何事，哪怕只是在空中揮揮手，都是作為明覺的展現而發生。因此，一位證悟者無須刻意去培養善業或摒棄不善業，他所作的一切都是智慧的展現。

究竟的廣界永遠不會被諸如「涅槃」與「輪迴」、「有」與「無」等概念所染污或限制，我們應該如本初佛普賢王如來般在本基證悟。除了佛果這一本基之外，努力去實現我們本已擁有的修行狀態，無疑是對自己施加各種困難。我們內在就有佛心，所以無須這些艱苦。正如當某人已經到達印度菩提伽耶的金剛寶座時，他就無須為了去到那裡而千辛萬苦地長途跋涉了。

本初佛（大持明）以及一切達到證悟的成就者們，只是實證了他們一直擁有的功德，並非造作出新的功德。

在修持竅訣時，我們真正需要的是透過認出自己的明覺（存在本身的勝義自性）來達到解脫，這無法透過書本上所謂的秘密法教和竅訣而實現。前八乘以心的修練帶領我們走上此道，這些法乘都未以智慧為道；而大圓滿以智慧為道，因此它沒有任何所依和所緣。我們需要善用智慧——事物的本來面目——作為「道」，而不僅僅是依於心的造作，因為與心有關的任何事物都會自動地與無

明、能所（主體和客體）的二元對立相關。

除了自心之外，沒有佛

米龐喇嘛寫道：

不改法性本來無為法，無有重新改造修行道，
不由因生究竟之果位，願能現見本來自住義。[5]

由於這無造作、非和合的法性
無法經由造作之路而獲得任何新的事物，
願可了知這無因的究竟果位的自性
為自心內在本初之存有。

　　明現和明覺遠離分別念，透過持續的正念而認出一切事物，無論我們身處何處或在任何境況和條件下，都是本覺神奇的戲現。徹悟這一切，絕不陷入我執、貪執和二元固著，也不陷入它們進一步展現出的三毒（煩惱）和八萬四千種過患中。因此，我們保任在本初法座上，猶如象徵證悟本覺之勝王——普賢王如來。

　　另一方面，我們被本覺無礙、任運、神奇的戲現所欺騙，因無明而迷惑，陷入能所的二元對立。因此，放棄本初法座，而離開了我們的心靈王國，並如《聖經》中的浪子般忘記了自己是誰，如同迷失在無盡平原上的流浪狗般，在輪迴中不斷地流轉。

　　值遇一位真實證悟的上師並被指引出究竟的見地——認出、了

---

[5] 出處同上注。

知、確認我們的真實本性，這種幸運就如重新認識自己，也如浪子重新回到父親的王國，坐上王座一般，這毋庸置疑，也無須辯駁。

輪迴與涅槃中的萬法在本覺中都是完美圓滿的，一剎那的全然明覺（即認出本覺）就已足夠。《文殊真實名經》（*Manjushri-namasamgiti Tantra*）說：「於諸剎那能分別，一剎那中正等覺。」[6]（在一剎那間完美認出，即在一剎那間獲得正等正覺。）一切諸佛的智慧心、本覺是我們的本具自性，只是暫時被分別念所遮蔽。本具的金剛佛心（本覺），在二元心消融且無二明覺赤裸現前的剎那即已顯現，這正是無垢、本初清淨的法身，這是真正的佛、內在的佛。正如密勒日巴尊者和其他成就者們經常唱的：「除了我們自己的心之外，沒有佛。」

無明的心與覺悟的心其主要區別在於狹隘和開放的程度，根本自性是一體的、不可分割的，任何特定的個體是開放、自由和不受條件限制的，或對比之下，另一個人是僵化、封閉、固著、執著和迷惑的。也就是說，完全被偶發的障礙、過往行為的業力印記、遮蔽的煩惱與過患所制約，這種差異程度對於任何有眼睛的人而言都顯而易見。

心的勝義自性

佛陀在菩提伽耶的菩提樹下證得無上正等正覺之後，他說心的勝義自性是圓滿清淨、甚深、寂靜、光明、非和合、無為、無生和無死的，自無始以來就是自在的。當我們親自檢視心時，它本具的

---

[6]《聖妙吉祥真實名經》，《大正藏》第20冊，頁829。

開闊、清明和明分,構成了所謂的本覺——本初無二的明覺。

　　這是我們與生俱來的權利、真實的本性,它不是某種失去的、需要被尋找並獲得的東西,而是我們原本就存在的心。它其實與我們無造作的日常覺知無二無別,超越刻意改變,也遠離分別念,是無造作的平常覺知,不摻雜任何的勤作和整治——赤裸、清新、清楚分明、完全自然。還有什麼比這更容易的呢?只要在家中休息,以及在完全本然的狀態中安住即可。

保認本然狀態,心得安住

　　經乘(即佛法「共」的法教)認為,上述佛陀本人對心的勝義自性的描述是指涅槃或涅槃心。根據西藏金剛乘的修行傳承,尤其是大手印和大圓滿傳統,這種描述指的是心的真實本性、本覺、內在明覺本身。從這個角度看來,那傳說中的「彼岸」(涅槃)到底有多遠呢?

　　所以,趕緊退出「建造」這件事吧!不要再於輪迴波濤洶湧的水域上修建橋梁、試圖到達「彼岸」(涅槃)了。最好就只是放鬆、從容、無罣礙地休息在完全本然的狀態中,無論原本的流動如何發生,就只是順其自然。請記住這點:無論你是否順其自然,這流動總是會與你同在。

　　然而,這並不容易,或者看似如此。首先,我們必須認出這一甚深的見地——本具大圓滿,然後對其進行訓練,接著於其中達到不可動搖的穩固。這是修持之道,無散亂地保任已被指引和認出的見地或觀點,只有如此,證悟才能逐步開展。

　　所以,「訓練」意味著無修、無勤和無散——心的明現。本覺、無分別智、無二的本初明覺(佛心)在二元心消融的剎那,突

然顯露。這可以通過聞、思、修而逐漸發生，也可以因為因緣聚合而突然發生，例如當成熟的弟子值遇圓滿證悟的上師時，便不可言喻地經驗到突然的覺醒。

佛性是清淨、無染、無造作、無為的，且超越一切分別，它不是二元念頭和智性知識的對境。然而，它在意識之前或意識流的上游，對明覺、直覺、內在本覺本身的無二自我感知開放。偶發的障礙就如雲朵般，暫時地遮蔽住這本然的、如天空般的明性或心性──如來藏、佛性。

所有沿著漸修之道通向解脫和證悟的世俗修持，目的都是透過去除和消融遮障來揭顯這本具的智慧，以揭示這一直存在的東西，這是事物的表相與本來面目之間的關係。簡而言之，就是勝義諦和世俗諦二諦。根據這二諦，修持就有不同的層次。

微細與甚深的金剛乘見地強調正確認識這究竟的見地──自己內在的本智，這就是大圓滿密續中闡明的著名金剛捷徑。這些不同的經乘仰賴並運用淨化二元心識的方法，直到心最終清淨並擺脫遮障和過患。密續的方法則是從一開始就依賴並運用智慧（無二的明覺），而不僅僅是心。這是至關重要的區別。

一切事物從一開始就是清淨圓滿的，即是大圓滿、究竟乘的殊勝見地。這是勝義諦──諸佛的殊勝觀點或見地，這意味著無須去做或完成什麼。基於這種對事物本來面目的認識，大圓滿的禪修就是無修，安住於「本然」（being）的穩定中，而非去做任何特定的事情，超越希冀與恐懼、迎取與拒斥。大圓滿的行動或行為源於這種超越，並且完全任運、無目的，且適合現起的任何狀況。大圓滿的「果」就是本具大圓滿，與這快速且有效的「道」之起點──本覺本身（自己的真實本性）──無二無別。

十九世紀著名的證悟遊方行者、大圓滿上師巴楚仁波切唱道：

超越有為與無為，成就無上至尊法。
只需保任本然態，塵勞之心得安住。

超越有為與無為，
無上的佛法已經達成。
因此，只要保持本然的狀態，
並讓你疲憊的心休息。

他慈悲、謙遜的生活方式和甚深的著作在今天依然被廣泛研究，激勵著西藏所有教派和傳承的修行者們。

帕當巴桑傑說：「萬法本然狀態找，無須他處另尋覓。」（一切都可以在本然狀態中找到，所以不需要到別處尋找。）成佛是我們所有人內在的智慧，而非在其他地方。它實際就是我們根本的本性、本初狀態、本具的解脫和無造作的存在。

所以，它被稱為「本然狀態」、「本具佛性」，且一切眾生都擁有，這就是大圓滿、本然大圓滿的存在理由，沒有什麼能超越或優於它。即便是現在，如其所是地證悟它，萬法都已被包含在內。所有的希冀和願望都得以在這本覺的本然狀態（藏rigpai nelug，本具的大圓滿）中實現，它屬於我們每一個人。

心性是明空之雙運

不同的目的或方法都賦予它不同的名稱，這取決於它是被視為見地、目標、修持之道、根本之「基」或其他。此一妙不可言的精髓可被稱為「如來藏」、「善逝藏」（梵sugatagarbha）、「佛性」、「本

覺」、「明空自生的覺醒」、「法身」、「般若波羅蜜多」、「出世間的智慧」、「空性」、「明光」、「佛心」等等。不論本覺是被稱為「內在明覺」、「無二現」、「自生本智」或「本具覺醒」，它就如超個人的、究竟的法身（諸佛法身）之「個人股份」（individual share），最崇高者莫過於它。

確吉尼瑪仁波切（Chökyi Nyima）說：

證悟的精髓（佛性）存在於每個眾生心中。大圓滿直接指引並揭示了它的真實面目，彰顯出本然狀態。竅訣表明我們可以如何在自己的經驗中赤裸地認出它，竅訣也指出了認出佛性的重大必要性，以及這麼做的巨大利益。這清楚地表明在那一剎那，佛陀（覺醒的狀態）無須去他處尋找，當下就在我們的內在，而且透過體驗到一直存在於你內心的東西，你可以證悟。這就是「殊勝經驗指引」，即經由個人體驗的教導所產生的效果。

正如無著菩薩和彌勒菩薩（Maitreya）所言，心性是「明」。它是畢竟空的、開放的、有覺知的、不受條件或狀況束縛的。心（或二元心識）只是無常的因緣和合，完全受制於各種狀況。心與其本質之間的差別，即本覺（或心性）與分別念（或念頭）之間的差別，就如天空（或虛空）本身與發生在其中的短暫天氣狀況之間的差別。在般若經中，佛陀說：「真心並非二元對立的心，心性實為明空之雙運。」

龍欽巴尊者說，心是二元的，而無二的本覺是出世間的智慧。心的本性是純粹的明晰、解脫，且不受主體和客體等分別概念的束

縛，它是一種離於偏私與固著的甚深明光，是一種無法定義的、自由流動的悲心顯露，是無邊無際的空性，不為思考所遮蔽。念頭是綑縛，空性本覺的無量開放是解脫。對於那些不被自己虛妄戲論、心造枷鎖、自我設限所束縛的人，慈悲就會任運無礙、無窮無盡地湧現出來。

因此，在一位具格大圓滿上師的精要竅訣指導下，粉碎心的外殼，你就可以在廣闊的天空中展翅翱翔。摧毀二元念頭的茅棚，去入住本覺的寬敞宅邸。沒有其他敵人或障礙需要克服和戰勝，無明（二元念頭）是阻礙你道路的巨大魔羅（梵māra），現在就殺了它，獲得解脫。

◉本章內容是關於本具大圓滿見、修、行的心性法教。

第四章
心的本然休息

當禪修時,無須太多地使用心,
可以只是輕鬆地進入存在的本然休息狀態,
保持開放,如實地看見心。

勝義菩提心和世俗菩提心

這個團體名為「大圓滿基金會」(Dzogchen Foundation)或「劍橋大圓滿小組」(Cambridge Dzogchen Group),獲得這樣一個名字很容易,但「大圓滿」(本具的大圓滿)是個難以名副其實的大名字。然而,請不要認為我覺得你們尚未擁有什麼,其實那正是我以此為你們命名的原因。

我勉勵你們好好地修持這種名為「大圓滿」的殊勝覺醒方法,這是覺者佛陀所教導的廣大且甚深的佛法核心。覺者法教的核心是珍貴的菩提心——利他的證悟心,這也可稱為「慈悲心」,它有勝義菩提心和世俗菩提心兩個面向。佛教的基本教義(即經、律、論中所教導的根本乘)非常強調出離心的必要性,或可說對於事物虛幻本質、無常、無我,以及對一切有為法的「苦」之本質生起確信,這些即是佛教的基本教義。後來的大乘佛教則強調同理心、慈心與悲心。

前行、修心等等,都為培養根本法教的基本洞見和覺知奠定

堅實的基礎。它們構成了廣泛、穩定的基礎，從而能夠增長菩提心——覺醒之心、大圓滿的明光心。

大乘法教中解釋，具有明光慈悲的大空性就是我們的真實本性，即我們在世俗菩提心的法教中所要培養的；根據勝義菩提心的法教，那就是我們所證悟的、始終與自己無二無別的東西。

我們是在世俗的層面上培養證悟的功德，以消除眾生的痛苦，或在勝義（內在的、自現的、事物的自性有）的層面上，具有明光或慈悲的大空性。無論強調菩提心的哪一個面向，兩個面向都需要圓滿或平衡，修持才能達到充分成熟。在金剛乘的法教裡，勝義菩提心在竅訣（對個人的教言）中有非常清楚的闡釋。它教導我們如何無須任何理論探索或分析而直接認出它，即直接透過修持傳承（修持和經驗的方式），而得到加持和傳法。

無論我們如何稱呼它，如何發願或理解它，從勝義諦或世俗諦、大乘或小乘的角度來看，它都是同樣的解脫法教、佛法教義的核心。這就如你患有肺結核，幾乎任何醫生都能診斷出來。不論你是早上、下午或晚上服藥，它都能治癒疾病。同樣地，以此佛法教義（菩提心的法教），無論你是修持勝義菩提心，或修持大手印、大圓滿和大中觀諸大道的無二法教，亦或強調世俗菩提心而透過漸修和次第乘，這每一種都是包羅萬象，並且都匯集在大解脫、大圓滿和涅槃寂靜的相同展現方式上。

在所有法教中，最主要的是釋放或放鬆自私、我執、我愛、貪愛、抗拒和執著，如此能直接減輕痛苦、止息不滿足，因為我執是痛苦的主因。有許多不同的方式解釋「道」、對治法、轉變、淨化、淨觀體驗，以及不同種類的修持所帶來的不同結果。但總體而言，在此所解釋的就是修持的核心。我們無須擴散出很多不同的

聽聞和思惟，就只是放鬆我執和貪著，敞開心扉，並享受內在的喜樂、平靜和無私的愛。全心全意地去做這件事！

上師相應法

自己與上師無二無別

在佛法修行的路上仰賴一位善知識（梵kalyanamitra）——法友和老師，是非常重要的。佛陀在多生多世中，都依賴修行的導師，他並不是在一生中透過幾年禪修就證得圓滿佛果，而是經過多生多世的發願、祈請、修持並領受教導和指引。若無老師的除疑和指引，很難真正體驗到法教的真諦；若無法教，很難僅靠獨自修持就體驗到解脫和證悟。老師可以指導我們，一位具格上師擁有經驗能防止我們偏離正道或誤入歧途，他可以為學生找到最直接的方法。

如果發願要實證本具大圓滿的法教，很可能也會發願要領受法教並修持上師相應法（梵guru yoga，即修行者與上師本質的合而為一），從中體會到自己與證悟上師的無二無別。根據大圓滿的傳統，整個佛法可以在上師相應法、虔敬心這種修持形式的脈絡中獲得解釋。這種虔敬心可讓我們了悟自心與佛心自無始以來即是無二無別。

大圓滿法是極其廣大、甚深的寶藏。佛陀講授八萬四千法門，分為三乘，其中第三乘的金剛乘（密乘）又被進一步細分為四個（或六個）密乘，然後還有外法、內法或密法。然而，所有這些都是通過上師相應法中的虔敬心和智慧修持來實現。

究竟上師是萬法的本質

你也許認為老師有身體、骨頭或頭髮，或需要老師的一根頭髮、一條紅色的保護繩才能得到加持，這是世俗層面的老師。如果你真的想知道「上師」所指的是什麼，那麼，上師即是整個自生的顯相宇宙，它就如一個典範——一位表徵上師，並非這位人類老師才是上師。真諦在每個瞬間生起，是整個顯相宇宙。

究竟的上師是萬法的本質，不要認為其形象只是某個老頭、某位喇嘛或上師。它有化身——顯現的喇嘛，就如化身為人的佛陀，一位活生生的老師；也有報身——能量、展現為顯相的神秘上師，即我們自顯相的真實本質、內在上師；然後，還有最無形的、究竟的上師——法身、大明空。當安住於清淨本覺（放下萬法）的瞬間，都可以證悟到這些，這被稱為「耶喜喇嘛」（藏yeshe lama），即智慧、明覺大師或內在上師——偉大的「隨其所是」。

如果你想再進一步的話，一切事物都有著無限內在光輝的本質，就如佛陀的加持般處處顯現；如實的上師——如是（isness）。在這大圓滿的總攝、寶藏、壇城中，一切事物都是證悟上師或佛心的展現和能量。一切情器世間的存在，以及所有外在與內在的顯相，實際上都是真正的上師——佛陀。如果你理解大圓滿的法教，這些加持每時每刻都在湧現，我們從未離於真正的上師——佛陀，以及自己的本初自性。

如果你只是聽到「佐欽」（藏Dzogchen）或「佐巴欽波」（藏Dzogpa Chenpo）、「本具的本然大圓滿」這樣的字眼，那麼就很輕易地說：「哦，是啊！我知道『佐巴欽波』是什麼意思，它就是大圓滿。」這樣說很容易，只有幾個音節而已。無疑地，你們都從許多老師、上師、喇嘛處經驗過這些法教和加持，領受過這些甚深的加

持。如果你真的認出在任何情況、時刻下，自己在究竟義上都與佛陀、上師無二無別，那麼這才是大圓滿的究竟展現方式，而非僅僅只是知道這些語詞是指「大圓滿」而已。

所以，當我們想要趨入真正大圓滿修持時，不應該忽視上師相應法修持的重要性。虔敬心會迅速地斬斷戲論，這是邁進不二、無二無別宅邸的門檻。當證悟到加持一直在湧現時，那就是大圓滿的時刻，別無其他如灌頂或教導的時刻。然後，不論情器世間、外在和內在的一切存在，都被真實證悟為本具大圓滿，沒有其他大圓滿需要探尋、聽聞或修持。

歷史上的許多傳承上師，一直延續到我們，也有本初喇嘛或上師（一切事物的本質），包括我們自己（真正的傳承上師），從未與我們分離。為了領受教導或證悟它，上師相應法是非常有效且甚深的，實證我們自己和證悟上師（佛陀）的無二無別。

如果你認為上師是「人」，那麼你可能會覺得佛陀是一尊木頭雕像，然後整件事情就開始偏離得愈來愈遠，好像佛陀高居於神壇上，上師坐在講台上，而你只是一個旁觀者。那麼，你在家裡或山裡就無處能找到上師。若你如那般愚蠢地把它從自己身邊推開，那可真令人沮喪，因為上師展現方式的顯現無所不在。

一切都是圓滿的

依據經典，一切事物都是神奇地自現或任運地顯現，一切事物都是無生、無死的。此外，經典還說三寶（佛、法、僧）的加持始終源源不斷。然而，這取決於我們去連接它或對它開放的虔敬心。所謂「一切皆為業力所感」，換言之，我們如何經驗世界，這取決

於自己如何感知它，取決於自己的業，它就如同我們的投射。在經典和釋論中有很多圍繞著無常、粒子和原子的討論，並一路分析至空性，然後空性也是空的，無窮無盡。進一步分析，我們會去到空無，甚至到超越空無。所有這一切都是業力所感、自己的投射，以及在實相上假立分別概念。

大圓滿不指向任何事物，它超越一切無明、二元的感知和投射。超越無明，一切都是圓滿的；在無明中，一切似乎都不那麼圓滿。當無有欺誑或無明時，我手裡的這個顯然是一朵花，一些迷惑的人可能感知它是水，但那將會是一個迷惑或錯誤。就以眼前的花為例，當我們如實地看到事物，整個外在現象和內在本體宇宙就是偉大的大圓滿、偉大的佛性。當我們離於無明時，當如實地看待事物時，一切都是佛性能量、實相光明、大圓滿的展現。

我們甚至會更加無明，而認為佛法不是真實的，佛陀也只是個神話等等。例如，你可能認為這不是大圓滿，這裡的不是「佐巴欽波」，而只是波士頓。或者你可能更加迷妄，覺得這不是「佐巴欽波」，而是紐約！不同程度的無明。你可能會有另一種不同的無明，並認為這不是大圓滿、「佐巴欽波」。這是約翰在翻譯，不是舒雅達。無明之上再加無明！

大圓滿是事物的真實面貌，事物如其所是――本然的狀態。事物實際上是如何，那就是它們的存在模式。偉大的持明者、傳承上師吉美林巴，這位三百年前生活在西藏的無畏大師[1]說：「大圓滿之法教甚多，了知大圓滿者甚少。」我自己珍貴的根本上師、巴楚仁波切的弟子、大圓滿上師、偉大的堪布阿旺巴桑（Ngawang

---

[1] 吉美林巴尊者又被稱為「無畏洲尊者」。

Palzang）說：「大圓滿極其簡單，但並不容易。」任何人都可以輕而易舉地指向天空，也都可以高談闊論大圓滿，以及萬法的真實本質如何圓滿，這很容易。但是大多數人只看見手指，卻看不到天空。

因此，如果你看到的是手指而未看到天空的話，那麼就有前行、皈依、菩提心修持，以及很多的禪修和淨化，以便能夠淨化和遣除暫時遮蔽我們佛性（真實本性）的覆障。但是別從自己有限的那根禾杆中看天空，並認為那就是無限廣闊虛空的全部。

當鏡子變得模糊或布滿灰塵時，如果擦亮它，其清晰和反射光亮的真實本質就會閃耀出來。如果它被遮障所覆蓋，那僅僅去說它已經圓滿並無多大助益。

本具智慧赤裸現前

還有什麼要說的呢？我們已經在這裡浪費了幾分鐘。所以，如果這個修持對你有意義，請去開始練習。透過祈願、虔敬心、禪修和自我探究，讓自己投入其中。修行是非常個人的事情，所以它取決於你自己。要抓住機會，將它融入到自己的日常生活中。

對本覺保持開放

偉大的大圓滿祖師、遍知佛龍欽巴尊者，於六百年前以藏文將其簡單地概括為兩個詞，他說：「Semnyi ngalso！」——「大休息！」即心的本然休息。他並未說心的本然忙碌，而是說心的本然寂靜或休息。

所以，休息以進入它，放下、放手一切。我們無須多加思考而去理解這些事情，這是可以從內在以一種不同方式去體驗並認出的

事情。當禪修時，我們無須太多地使用心，可以只是輕鬆地進入存在的本然休息狀態。對無勤、本具明覺保持開放，不要只是試圖控制心，而是真切地欣賞並如實地看見它。

禪修和練習有很多種不同的方式。其中有一些具有分析性，對於敏銳心智、清晰區分和辨別事物有非常大的助益，很多人非常理解並領悟到這一點。但是我們的傳統是比較經驗式的傳承，是大手印與大圓滿無二雙運的修持傳承，是以智慧與慈悲、般若（梵 prajñā）與方便（梵 upāya）、真諦與慈愛的無二無別作為覺醒的方法。

在全然覺知的禪修形式中，這包括奢摩他（梵 śamatha，止）和毘婆奢那（梵 vipaśyanā，觀）。它包括分析觀察，以及安住於本然狀態——在開放和休息之中。眾生有很多不同的根器或意樂，因此這顆帶來解脫的寶石也有許多不同的方法或面向，它們都是一體、連貫的方法。究竟而言，我們只能說內在本具的智慧是直接、赤裸現前的；自生本覺從未離開過我們。因為有這清淨之光和完整的存在，還有什麼可散亂的呢？我們怎麼可能遠離它呢？

修持的目的即是認出本覺

請認出這本智、自生本覺、偉大的佛性。這是修持的目的，不只是一直尋找它，而是真切地認出它並自證它，為自己和眾生帶來無限的利益和喜樂。

今天的教導是一種精煉或濃縮的版本，如果你們對這些內容感興趣，請自由地選擇與舒雅達喇嘛或其他老師繼續探索幾天、幾個月或幾年。你們看起來都會待在美國，哪兒也不去，舒雅達喇嘛也待在美國，所以請充分利用這個機會。他得到了我和其他老師的完整訓練、灌頂和授權。

大圓滿教法已經存在了數千年，它不是西藏人的發明，它已經存在很長的時間。大圓滿上師們將它從印度帶來，但是甚至在此之前，它就已經存在。

　　佛教和這些法教在印度變得愈來愈晦澀難懂，然後在印度失傳，但是在西藏和周邊國家卻被人們所繼承，他們從印度的老師處領受教法，然後修持、證悟，並在自己的國家建立起這些法教，直至今日。一千三百年來，藏人為保存和弘揚這些無上且甚深的法教作出巨大的努力，直到現在他們都未讓這些法教消失。他們修持而達到證悟，並且翻譯法教。他們竭盡全力保存、修持並證悟這些珍貴的法教。突然之間，為了利益一切眾生，這些法教被供養給全世界，並遍及全世界。這正是大圓滿的時刻。

　　佛法就如清淨的靈丹妙藥，就如甘露。人們自然會想要保存它、珍惜它、守護它並分享它。如果無人欣賞它，那麼這些話語就會如同霧氣消散在空氣中般消失了。反之，如果那些聽了這些內容的人接受它、修持它並證悟它，那麼他們就會從這些真諦中獲得充分的利益。這些法教是給每個人的，它應該被傳播和繼承下去，完全不存在保密、保護、阻止它的問題。法教就應該散播並繼續下去。

　　修行利益一切眾生，它利益個人，也利益社群；它利益國家，也利益宇宙；它利益一切眾生，並加持一切眾生。

　　修行極其重要，請珍視、欣賞它！

　　向遍知的龍欽巴尊者祈請：願您的智慧心與我們的無二無別。

　　頂禮本具大圓滿，願一切眾生都能證悟並顯現大圓滿！

●這是1994年6月8日在麻薩諸塞州劍橋的袞洽讓炯耶喜林（Kunkyab Rangjung Yeshe Ling，遍知自生智寺），為「劍橋大圓滿小組」所作的一次講座。

在文武百尊壇城中的本初佛普賢王如來與明妃（雙身佛）。

（圖片提供：作者）

第二部 任運金剛歌

這無勤、如虛空般的心性，慧見的廣界，是萬法的本然狀態。在其中，無論你做什麼都是對的，無論你如何休息，都是自在的。

赤裸直觀這內在本性，不作改變，保任在本具的心性中，即是大圓滿。
（紐修堪布仁波切〔左二〕及其妻丹確桑媄〔右二〕和舒雅達喇嘛〔右一〕在西藏合影。圖片提供：作者）

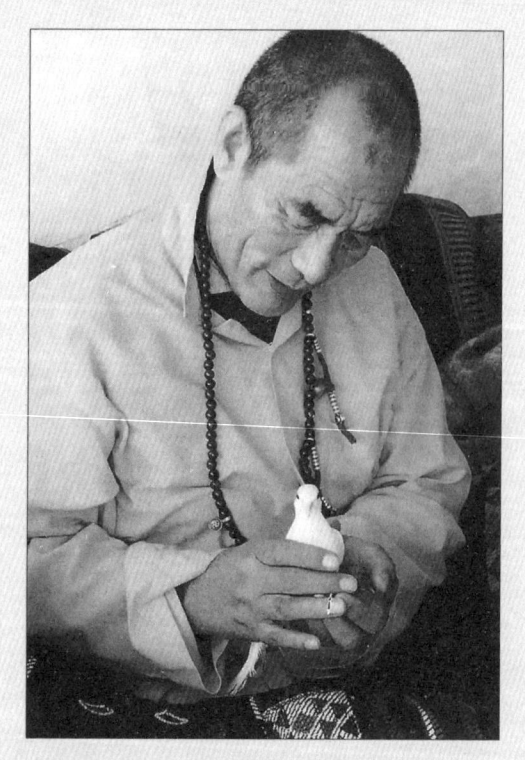

萬法的自性是「空」。當「空」看著「空」時，是誰在看著某個「空」的東西？
（紐修堪布仁波切於德千秋林〔Dechen Chöling〕，美國紐約東梅勒迪斯〔East Meredith〕，1992年。圖片提供：凱達・哈里斯）

第五章

要點鏡：空性讚頌

致母親的信

藏譯英／艾瑞克・海因・史密特（Erik Hein Schmidt）
編輯／阿尼洛卓巴默（Lodro Palmö）、沃德・布理斯克（Ward Brisick）
偈頌中譯／黃靖雅　白話語譯／拉姆耶喜德

尊與法主龍欽巴無別，且能證知萬法如大海，
無盡空性本然之狀態，頂禮滇貝尼瑪蓮足前！
我頂禮，與法主龍欽饒絳無分別，
且能感知萬法如大海般無窮無盡的、
空性本然之狀態的
滇貝尼瑪之蓮足。

我之尊貴母親巴贊拉，兒修家書一封供慈母，
祈請慈座無散傾耳聽。
我尊貴的母親巴贊（Paldzom），
兒有一封建言家書供養您，
請您心無散亂地傾聽片刻。

我今安居於此無不適，悠然自在無憂心安樂，
摯愛母親諸事安好否？

安居在此並無不適，
我自由自在且無憂慮，
處於一種歡喜的心境中。
我親愛的母親，您自己一切可安好？

我今所居西方之國土，紅膚白膚人種紛然現，
種種如幻景象亦紛呈，如鳥飛天如魚水中遊，
地水火風四大盡掌握，競現奇觀絢麗復多變。
在這裡，一個西方的國家，
有很多紅皮膚和白皮膚的人。
他們有各種魔法與景象，
例如可在天空中飛翔，
又如魚兒在水中遨遊。
盡數掌握四大元素，
他們競相展現奇觀，
色彩絢麗，變幻莫測。

奇觀無量無盡如彩虹，細審視時無非夢一場，
皆是心之謬誤感知也。
奇觀的數量無窮無盡，
如同彩虹顏色的圖案。
但當仔細審視時，就如一場夢，
它們都是心的錯誤感知。

諸行猶如兒童之遊戲，猶如堆沙所成之城堡，

造作投入永無完盡日，任其自然方有圓滿時。
所有的活動都如孩童的戲耍，
如果做了，就永遠無法完成。
只有當你任其自然，它們才能完成，
就如沙子堆成的城堡一般。

然此並非萬法之全貌，輪涅諸法似常而非常，
細審察時萬法皆空相，雖有顯現然則非實存，
雖非實存而視為真實，細審察時如幻不真實。
但這並非故事的全部。
輪迴和涅槃的一切法，
雖看似恆常，但其實並不持久。
當仔細觀察時，它們都只是「空」的形式，
雖然顯現，但並不實存。
儘管非實，卻被認為真實，
當仔細觀察時，它們如幻相般並不真實。

觀外境如海市蜃樓水，較之顛倒妄想尤非真，
猶如夢境幻相非真實，亦如水中月與空中虹。
看向外在顯現的對境，
如同海市蜃樓中的水，
它們比妄想更不真實。
彷彿夢境和幻相般不真實，
它們好似月影和彩虹。

觀內心若不察心躍然，細審察之無一物可得，
雖有顯現非存只是空，無法確然指認此即是，
猶如薄霧轉瞬即消逝。

看向內在自己的心！
不審視時，它似乎相當興奮，
但當仔細觀察時，卻什麼都找不到。
顯現卻不存在，它只是「空」的。
無法指認說：「就是它了！」
但又如薄霧般轉瞬即逝，難以捉摸。

觀照十方可能之對境，任何所顯萬法之本質，
悉皆猶如虛空之心性，超越分別投射與消融。

看向十方中任何一個方向
可能出現的對境，
無論它如何顯現，
事物本身——它的真實本質，
就是天空般的心性，
超越念頭、分別概念的投射和消融。

一切萬法自性即是空，以空觀空誰觀空之物？
萬法的自性是「空」。
當「空」看著「空」時，
是誰在看著某個「空」的東西？

空與不空分類有何用？如幻觀幻妄想觀妄想！

例如「空」和「不空」，
如此多的分類有何用處？
就如幻相看著幻相，
妄想看著妄想。

無勤猶如虛空之心性，慧見廣界萬法本然境，
悠遊其中任行皆善妙，蓮師與薩惹哈如是說。
「這無勤、如虛空般的心性，
慧見的廣界，
是萬法的本然狀態。
在其中，無論你做什麼都是對的，
無論你如何休息，都是自在的。」
至尊蓮花生大士、大成就者薩惹哈如是說。

是二非二一切分別念，如浪在河任其自解脫。
例如「它是二」或「它不是二」，
所有分別概念的構想，
讓它們如河上的浪花，
都會任運地自解脫。

無明以及戲論之大魔，令人深陷輪迴之大海，
若於無明戲論得解脫，離分別即難以言喻境。
無明與戲論的大魔
使人陷入輪迴大海，
但當從戲論中解脫時，

就會有一種無法形容的狀態——超越分別心。

無有戲論輪涅皆不存，戲論若息即法界真如。
除了戲論之外，
甚至連「輪迴」和「涅槃」兩個語詞都不存在。
戲論完全平息時，
就是法界真如。

莫隨複雜戲論而複雜，此無造作唯一之明點，
即是空性心之本然境，我佛善逝親說此教言。
不因複雜的陳述而變得複雜，
這無造作的唯一明點
是空性——心的本然狀態。
善逝（佛陀）如是說。

任其如是顯相之精髓，此即無作無壞之見地，
法身即是空性之母也。戲論皆空空見亦戲論，
空不壞彼彼亦不蔽空。
萬法顯現之精髓，
當只是任其所是，
即是無造作、無壞損的見地，
即是法身——空性之母。
一切戲論都是空性，
空性的見者亦是戲論。
空性不會破壞戲論，

戲論亦不遮蔽空性。

心之四空萬法之究竟，深靜離染無為淨明光，
離分別念勝者之心髓。
心本身的四重空性
是萬法的究竟。
甚深且寧靜，離於繁雜，
無為的澄淨明光，
超越分別念之心，
這即是諸勝者之心的深度。

無物須除無事須增益，圓滿無垢本然觀自心。
在此無有事物要被移除，
亦無有事物要被增益。
它純然就是圓滿無垢，
本然地看著自身。

總言心若立斷於纏縛，一切心要皆攝於其中，
至尊帝洛那洛之傳承。
總之，當心完全斬斷
執著於某物的結縛，
所有要點都濃縮其中。
這是帝洛巴尊者、
大班智達那洛巴的傳統。

大樂甚深本然大樂智，諸樂之中無上大樂王，
密續之中無上第四灌，即是究竟心性之指引。

在一切樂之中，
如此甚深的本然狀態，
是大樂的智慧。
在各種喜悅當中，
是無上喜悅之王。
在密咒乘的一切密續中，
它是無上的第四灌頂[1]，
它是究竟的心性指引。

輪迴涅槃不二之見地，大印大圓中觀之見地，
名稱雖多本質卻唯一，此即米龐上師之見地。

「輪迴與涅槃不二」的見地，
和大手印、大圓滿、中觀等的見地，
擁有眾多不同的名稱，
但本質含意只有一個。
這是米龐上師的見地。

為此見地之王作助伴，應以菩提心始迴向終。
作為對這見地之王的輔助，
人們應從菩提心開始，
並以迴向結束。

---

[1] 第四灌頂是本覺妙力灌頂（藏rigpai tsel wang）。

以方便斷我執輪迴根，方便之王即發菩提心。
為了通過善巧方便
斬斷輪迴根源的我執，
一切方便之王
就是發無上菩提心。

迴向王即增善根方便，此即我佛世尊之法教，
於此教言餘師〔外道〕皆無說。
圓滿迴向之王
是增長善根的方便。
這是釋迦牟尼殊勝的法教，
不見於其他的老師。

為證菩提無須作增減，此即迅捷之三勝法道，
即所謂心、眼與命力，即是龍欽饒絳之法門。
為了達到正等正覺，
多於此並無必要，
少於此則不完整。
此迅捷的三勝法道，
被稱為心、眼、生命力，
是龍欽饒絳的方法。

空即如意寶、無執布施，即無垢持戒、無瞋安忍，
即無欺精進、無散禪定，即般若精髓、三乘精義。
空性，即如意寶，

是無執的布施，
是無垢的持戒，
是無瞋的忍辱，
是無欺的精進，
是無散的禪定，
是般若的精髓，
是三乘的精義。

**空性即是心之本然境，即無分別概念之皈依，
即是勝義究竟菩提心，即是除惡金剛薩埵尊，
即是圓滿資糧之壇城，即是法身上師相應法。**
空性是心的本然狀態，
空性是無分別概念的皈依，
空性是勝義菩提心，
空性是除惡的金剛薩埵，
空性是圓滿資糧的壇城，
空性是法身的上師相應。

安住空性本然即寂止，鮮明感知此境即勝觀。
安住於空性的本然狀態
是奢摩他的「寂止」，
生動明晰地感知它
是毘婆奢那的「勝觀」。

圓成生起次第之見地，圓滿次第中之樂空智，

不二大圓法身一明點，如是種種皆含納其中。
圓成生起次第的見地，
在圓滿次第中的樂空之智，
不二的大圓滿，
法身的唯一明點，
所有這些都包含其中。

空性淨化業力除障礙，空性降魔成就本尊眾。
空性淨化業力，
空性遣除障礙，
空性降伏諸魔，
空性成就本尊。

甚深空境能乾貪欲海，能摧瞋怒山、照愚癡闇，
能息嫉妒風、勝煩惱病，能滅樂時慢、為悲時友，
能贏輪迴戰、退四魔軍，能轉世間八法成一味，
降我執魔、障礙轉助緣，化凶為吉、成正等正覺，
空即法身母生三世佛。
甚深的空性境界
乾涸貪欲的海洋，
摧毀瞋怒的高山，
照亮愚癡的闇昧，
平息嫉妒的狂風。
它戰勝煩惱的疾患，
它是悲傷時的朋友，

它摧毀快樂中的傲慢，
它在輪迴大戰中勝利凱旋，
它徹底擊退四魔軍。
它轉世間八法為一味，
它降伏我執之魔，
它轉障礙為助緣，
它化凶兆為吉祥。
它能顯現正等正覺，
它能生三世諸佛，
空性是法身之母。

無有較空更高、更速法，無有較空更勝、更深法。
沒有比空性更高超的法教，
沒有比空性更迅捷的法教，
沒有比空性更殊勝的法教，
沒有比空性更甚深的法教。

空知一全解、無上藥王，空不死甘露、離勤任成，
空即無勞無勤之證悟。
空性是「知一全解」，
空性是無上的藥王，
空性是不死的甘露，
空性是超越精勤的任運成就，
空性是無須努力的證悟。

因修空性而生大悲心，於彼如己因「我」所遮眾，
無勤自然生起菩提心。

通過禪修空性，
讓人感到巨大的悲心。
對那些如我們自己一般，因相信有「我」而被遮蔽的眾生，
會無勤地生起菩提心。

五道十地一切之功德，無勞無勤自然皆現前，
業果真實不虛之法則，聞者由衷生起清淨信。

五道十地的所有功德，
將無勤地自然顯現，
對於業果真實不虛的法則，
人會感到由衷的淨信。

若於此空僅片刻生信，我執鐵鎖剎那成碎片，
聖天菩薩提婆如是說。

如果一個人對於這種空性，
哪怕只生起片刻的確信，
我執的牢固鎖鏈
也會粉碎成片。
聖天菩薩（Aryadeva）如是說。

供遍人天佛、佛子、佛土，如是供養不如修空性。

善逝和諸佛子，
所有無量佛土，

充滿人天的供養，
比這供養更殊勝的是禪修空性。

剎那安住本然之功德，若化實物虛空亦難容。
如果平等安住本然狀態，
哪怕只是一剎那的功德
可以呈現具體形態，
虛空都無法容納它。

無上導師釋迦牟尼佛，投身入火為甚深空性，捨頭四肢行百種苦行。
無上的聖者釋迦牟尼，
為了這甚深的空性，
將身體投入火堆，
捨棄頭顱與四肢，
進行數以百計的其他苦行。

縱以金銀珠寶遍世間，亦難覓此甚深空性法，般若十萬頌中如是說。
儘管你以成堆的禮物，
金、銀、珠寶布滿世界，
這甚深的空性法教，
即使苦苦尋覓，也難尋得。
《般若波羅蜜多十萬頌》如是說。

能逢如是無上之妙法，皆因無量劫來功德力。
要值遇這無上妙法，
是無數劫來
殊勝功德力所致。

簡言依空性故能自利，無生法身廣境得解脫，
現四身證五智成正覺。色身無礙顯現再再現，
以利猶待教化有情眾，以諸遍在任運之事業，
為利他故撼動輪迴淵，此究竟果經續如是說。
簡而言之，藉由空性，
一則利益自己，
解脫入於無生法身的廣界，
展現四身和五智的正等正覺。
色身的無礙顯現，
將不間斷地生起，而教化有需要之人。
透過持續、遍在的任運事業，
為了利他而攪動輪迴的深淵，
這正是究竟的「果」。
所有經典和密續皆如是說。

劣慧如我言詮難道盡，此法一切利益與功德，
乃至勝者以佛金剛舌，縱說一劫亦難盡其妙！
如我者怎能以語言表達
此處所有利益與功德，
當勝者以其金剛之舌，

縱說一劫,亦無可窮盡!

法主導師傳授空性法,雖現人身心實為佛陀。
榮耀法主、無上導師,
傳授空性之法,
雖現人身,
心實為佛。

若能無欺深心作祈請,無有方便今生即證悟,
大圓寶聚密續如是教,此寶在手切莫虛擲過。
真誠無欺地,
從你內心向他祈請,
無須任何其他方便,
今生即可達成證悟。
這是《寶聚續》(藏 rin chen kun 'dus kyi lung)的方式,
大圓滿密續如是教。
當你已捧此寶在手,
切莫無意義地浪費。

學如天星聽聞無止境,求法受法縱多有何用?
高於空性之法有何用?
學習猶如天上的星辰,
透過聽聞將永無止境。
請求和領受多種教法,
種類繁多又有何用?

任何高於空性的修持又有何用？

莫事積累苦行之裝束，諸如手杖、髮辮與獸皮，
象已在家莫赴山上尋。
不要以擁有多套苦行裝束為目標，
譬如持手杖、扎髮辮、穿獸皮等。
要把大象關在家裡，
別去山上找尋牠的足跡。

勸請慈母修持心性法，一如上師金剛持所教，
八萬四千妙法之精髓，億萬博學悉達心甘露，
心性即是究竟之修持。
母親，請禪修心性，
就如上師金剛持所教導，
而你將擁有八萬四千法的
精髓之精髓。
這是億萬多聞成就者的
心之甘露。
它是究竟的修持。

如是源自深心之勸請，劣子愚僧蔣揚多傑書，
至純精髓命血之明點，勸請憶持於心我慈母！
這是發自內心的建言，
來自不肖子僧蔣揚多傑，
這最為純淨的精髓

來自我生命之血的明點。
因此，請將它銘記於心，母親。

如是出自肺腑之勸請，書於堪比天界之輝煌，
藍天之下美麗之城郊。
這幾句肺腑建言，
寫在美麗的鄉間，
廣闊藍天下的城市，
可媲美天界的輝煌。

敬獻虔信確吉南贊拉，即我母暨虔信弟子眾，
我今供養此信為建言。
獻給虔敬的確吉南贊（Chokyi Nodzom），
我親愛的慈母，
還有我虔敬的弟子，
我供養這封信，以作為建言。

這封給我弟子們的信是由一位名為「蔣揚多傑」的堪布所寫。他住在西方的大洋彼岸，法國多荷冬大樂藥谷（Herbal Valley of Great Bliss）。
願功德圓滿，吉祥如意！

● 〈要點鏡〉是一首任運的金剛歌、道歌、證悟之歌——一個當代鮮活的口頭傳統範例，其根源可以追溯到古印度證量卓越的成就者。紐修堪布仁波切於1980年至1984年間，在法國多荷冬進行為期三年的閉關，某天唱誦出這首金剛歌。隨後它被錄製下來，然後以藏文記錄並寄給了他在印度的母親。後來，蓮師翻譯小組將這首金剛歌翻譯成英文和法文。

第六章
不思議大空性
〈要點鏡：空性讚頌〉論釋

論釋／紐修堪布仁波切　藏譯英・編輯／舒雅達喇嘛

一切事物都是自心虛幻的、神奇的如夢顯現，
除了認出它真實的空性本質，
沒有什麼特別要做的。

菩提心是心的究竟開展

當我們進行任何形式的修行教導、修持或學習時，無論何時生起並真正肯定珍貴的菩提心（包括其世俗和勝義兩個面向），都非常有用且具有非凡的意義——明確地激勵自己，以使在此所作的一切都是為了所有眾生的利益和究竟證悟。當然，我們自己也包括在內，所以，就無須在這點上特別關注自己的解脫，從而進一步加深以自我為中心的習性。只是生起寶貴的菩提心，並信任心的廣大和開放，一切都包含在其中。

「利益一切處的所有眾生」是什麼意思？從世俗層面的意義而言，它意味著修持六波羅蜜，並為眾生提供其想要和需要的一切，例如物質、保護、醫藥、長壽、安全和快樂，以及佛法教導和修行的幫助。

從勝義層面而言，它意味著斬斷輪迴和涅槃的根源，切斷二元

對立、二元執取和執取事物為實有的根源。這就是最終的、究竟的利益，即所謂的「成佛」；「成佛」意味著覺醒或心的完全開展。藏語「sem kye」意指「菩提心」，即利他的覺醒之心，其字義是「心的綻放」——心究竟的打開或開展。

什麼是所有不滿足、沮喪和痛苦的根源？什麼是「苦」（巴 dukkha，痛苦和不平衡）的根源？那就是二元的執取。執著、抗拒和固著是「苦」的因，這一切都源於無明。二元的執取發生在執取者與被執取物的交匯處，那即是執取事物為實有，或僅僅被顯相所欺矇，或看不到它們的不實存、空無（其空性和不真實）。當看透這一點時，執取和貪著就會枯竭，哪裡還有什麼痛苦呢？又有誰在受苦呢？解脫和廣闊的自在就在這裡。

當二元對立（二元的執著、二元的感知、無明的感知）的根被斬斷時，輪迴和涅槃的所有枝葉，甚至樹幹都會自然地自行枯萎，並以各自的時間和速度倒塌。那時就無須砍倒這棵輪涅之樹、二元之樹、世俗之樹、有為之樹，它已如死亡一般，我們可以放鬆，正如佛陀所說的「所作已辦」（完成了必須完成之事）。

這就是佛法、靈性覺醒、成佛的全部要點，這是究竟的演進或發展。如果我們渴望體驗到這樣的覺醒，除了認出自己本覺的真實本性、核心的存在、內在與生俱來的權利之外，別無他法。這是我們的自心本性，也被稱為「菩提心」。這是我們自己的存在、自性，即這聞名的佛性，它不是在其他任何地方的佛。

因此，我們才會說佛在內心，佛性遍及且含納一切眾生，無一例外。更深入地來說，這也是我們為何說「自心之外無佛」的原因，因為佛心就是自心的真實本性，即便當下也是如此。它其實並不遙遠，就在我們的內在，就是我們自己——我們的真實本性。但

是誰能認出並證悟這一點呢？我們難道不是一直在忽視它嗎？這似乎好得不像真的，所以我們不相信；它又離我們太近，所以總是忽略它。它總是如此顯而易見，以至於我們從未注意到它。誰能承認自己心中有佛呢？

萬法的真實本質——大空性

這法教是以一首關於「空性」（明燦光亮的「空」，無拘無束的本初存在的無限開放）各個面向的金剛歌來闡述。依據法教，有十八種不同的空性，但歸結於一，稱為「大空性」（梵 mahāśūnyata）——不可思議的開放與空性，難以言表之存在的如是性。它不是相對世俗的（其他一切都是相對的），大空性是所有世俗萬法的真實本質。

《心經》中說：「色即是空，空即是色。」這是大乘佛教對實相和「有」（存在）的基本見地。我們不能否認自己體驗著這個世界——無限多樣的顯相與存在，但從本質上而言，一切事物都是「空」的，沒有內在的真實性或實質獨立的存在，這就是空性的意涵，是二諦（世俗諦和勝義諦）雙運。佛陀同時感知到這兩者——事物的顯現方式（世俗或功能層面），以及事物的實際情況。

空性是勝義諦，是一切事物的真實本質，即它們存在的根本模式。不論是輪迴或涅槃，萬法的真實狀態都是大空性、大開放。這就是大圓滿、本然大圓滿的法教，是一切事物本有清淨與圓滿的真實意義——一切事物都具有大空性、大開放的特相。

也許有人會問：「是誰或什麼創造、造作、製造一切輪涅萬法本然狀態的這個空性、大開放呢？」「是佛陀製造它嗎？是某個神或

絕對的存在創造它嗎？是眾生構建它嗎？」「它是從任何地方製造或誕生的嗎？它是當一切事物都被淨化或消滅之後所剩餘的嗎？」「我們是否必須揭開思想和概念的面紗才能感知到它呢？」

空性是無生的、未被製造和被創造的。所以說它是無死的，就如同涅槃（佛陀自己在某部經中稱其為「常」），這是真實的、究竟的本質——大空性。不可思議，是的；不可能的，不！

正如佛陀所說，萬法的本質是無常。一切事物都會消亡，有生必有滅。一切聚合的事物都會散去，就如市集上的聚會一般，所有的建築最終也都會毀壞。一切有為法都是無常的、不受控制的、無我的、空性的，就如夢、幻相、回聲。驚歎呀！美妙啊！噯瑪吙！

事物本身的真實本質是大空性、大開放，是離於獨立、個體實存的究竟實相，它無生、無死、不變、不可思議、超越戲論。它是勝義諦，永遠不會崩壞，超越時間與空間。它不是一個事物，也不是知識或智性的對境。它是究竟實相深奧難解的開放性，它光芒四射。

即使是如紐約這樣的大都市，由這麼多人辛勤工作建設起來，也看似是一場人們永久的聚會。但幾百年後，誰知道它會是什麼樣子，它是否還會存在呢？而且即便那時還有很多的人和車，也肯定不會是同樣的人和車。世間萬物都是無常的，包括我們的身體——這轉瞬即逝的虛幻之身，這暫時的因緣和合法，這僅僅是此生因父母業力而由男女精髓結合的產物。但一百年後，這個身體又將在哪裡呢？

一切事物都是如此。這並非為了讓我們恐懼、震驚或沮喪，也不是為了貶低我們的重要性，這只是和合法的本質。我們都將死亡、腐壞，留下一切，除了自己業力的積累。當我們離開此生時，

唯有功德和證悟能夠利益到自己，現在的身體與生命都將不復存在。

這不是讚揚或責備，既非悲觀，也不是樂觀，在此沒有任何評判。這只是對事物真實面目的客觀認知，我們能認出並證悟到一切和合法，都是轉瞬即逝的、虛幻的、不穩定的、無常的。一切和合法都是透過相互依存的緣起法則而產生，它們都相互關連、相互依存。

當因緣合和時，事物就會瞬間顯現；當因緣耗盡時，事物就會分崩離析，就如同火在燃料耗盡時就會自行熄滅，這就是世俗法在人空性背景下的產生過程。除了客觀的業的因果法則之外，沒有任何創造者。那些了悟世俗緣起和勝義空性二諦的人，被稱為「無畏勝者」、「勇猛菩薩」、「覺醒的靈性勇士」。

因此，在我們的傳承中，自十八世紀龍欽巴尊者的偉大弟子持明吉美林巴以來，依序到吉美嘉威紐固（Jigme Gyalwai Nyugu）、巴楚仁波切。直到今天，所有的上師都被冠以「吉美」（藏jigme）之名，它意味著「無畏」，因為他們認出不變的勝義空性——自心本性。在轉瞬即逝、如夢如幻的世俗法中，他們無畏地直接面對死亡與無常。

認出本覺，剎那成佛

凡夫通常不會在意識中，明確地承認自己對死亡、疾病、衰老、孤獨、痛苦問題和各種困難等等不可否認的恐懼。例如，恐懼失去所擁有的，害怕經歷不想經歷的，懼怕得到不想要的，擔憂得不到想要的等等。因此，整個生命的存在都糾纏在焦慮、希冀和恐

懼之中，貪執和固著無休止地衍生。希冀與恐懼是一份巨大的限制，將會引發無限的複雜性。

我們如何才能實現覺醒勇士和勇猛菩薩那無懈可擊、無所畏懼的勇氣呢？一切事物的真實本質或狀態是大空性，它不僅僅是一種真空、空無、空，而且是光明的空性。它有著「本然」、真如、如來藏的功德，它是被賦有慈悲心或智慧心的空性，它被稱為「本然大圓滿」、「本具大圓滿」、「大圓滿」。這大空性被賦予了明光的核心——明空無二、覺悲雙運，真諦與無為的慈悲無二無別。

生命勝義自性的「基」（基礎或根基）被稱為「基大圓滿」——根本本具的大圓滿。它從無始以來就是清淨的、圓滿的、完整的，無有欠缺，離於改變或變化。它在涅槃中無有增益，在輪迴中亦無有減損。它堅如磐石，超出世間，不受因緣束縛——本然的大圓滿。噯瑪吙！

儘管這光明的大圓滿是一個無二、不可分割的同質整體，但為了便於闡釋，它被細分為「基」、「道」、「果」，且以這三者來解釋，這三者實際上也是不可分割的，但為了清晰起見，又將其解釋為三要素——「見」、「修」、「行」。

「見」（見地）意指觀點、視角、概觀。「修」（禪修）是指習慣於那種見地的實際修持，即我們已被指引，並已認同或經自己體驗確認過的見地。「行」（行持）或行為，是在生命中真正的證悟事業。儘管「基」是一體的、完整且不可分割的，但這三者可被闡釋為從一個到另一個的過程。

首先，必須有見地，然後真實的禪修和行持便從那份覺知、認知中依序進行。儘管在勝義諦中，根本的「基」和「果」無二無別，但在世俗諦中，要想圓滿這座彩虹般的橋梁，就必須踐行此道。

在這大空性中，即這種開放和明光、自心的真實本性、本具的大圓滿，本有著不可思議的功德——過去、現在、未來十方一切諸佛的所有證悟功德。這些超然的功德是本有現前的，我們可以說它們是潛能，但並非必須在未來才能開發出來。它們是本有現前的，即便是在今天也能獲得。

如果行者認出他（她）自己本具生命存在的真實本性、究竟的心性、本然的大圓滿，那麼在此生、此身中，甚至在短短幾年之內，或甚至在一剎那間，就已證得圓滿無上的佛果。

這本具的大圓滿、本初善被稱為「佛性」、「佛心」或「本覺」，即是我們的自性。它是我們真正的「生命存在之流」，藏語是「gyu」（音「局」，即「續」），它是我們的存有。它不僅僅是我們的心，也是我們的存有、本體。所以，它被稱為是快捷、舒適或安逸之道。它無須很多的努力、艱辛或苦行，也無須如經典上所說，菩薩乘需要三大阿僧祇劫的修持才能完成。它就在此生、此刻——此時此刻，被稱為「認出本覺」的大圓滿瞬間。噯瑪吙！

遍知的龍欽巴尊者說道：

萬法超越好與壞，執著瞋恨取與捨，
眾生陷此如幻相，怎能讓吾不失笑。

由於萬法超越好與壞、
執著與瞋恨、迎取與捨棄，
當看見眾生是如何深陷這虛幻的顯相時，
我又怎能不笑出聲來！

在佛教「共」的法教（經乘和一般修持的法乘）中，需要多生多世經由各「地」的發展，才能證得佛果或法道上的其他果位。在大圓滿法中，快捷而舒適的「道」就在當下。當大圓滿時刻到達時，就在認出它、熟悉它、完全確信內在的那一刻，就是至關重要的時刻，即大圓滿的偉大時刻，這並非未來的事情。所以，它被稱為是迅速、赤裸、直接之道、金剛捷徑、金剛薩埵——堅不可摧之生命存在的展露。

　　這真的就在當下，無時不在，無處不在。所以，我們會讚歎「噯瑪吙」，並稱它是勝妙的、安樂的大圓滿法。它令人歎為觀止、超凡美妙、甚深奧妙、不可思議，不論你選擇如何翻譯這種大樂。它是一條捷徑，是直接之道。它是一種從戲論、二元的劍鞘中拔出佛性之劍的方法。本覺之劍始終都在，為什麼不將它拔出來，在無礙的虛空中無所畏懼地揮舞呢？

　　當某人與上師、法教有了吉祥或合適的業緣時，對上師和法教的淨信、信任、虔敬心就會油然而生，那麼，他就會在正確的時間出現在正確的地點。當所有的因緣具足時，就沒有任何事物可以阻擋他去直接、赤裸地經驗自己的內在本覺——自心的真實本性、本具的大圓滿。

　　這些法教直接指出的就是我們自己生命本具的圓滿和完整，而非遙遠西藏的某種神秘寶藏。我們沒有必要焦慮地四處尋找，或記下關於這種體驗每條訊息的細節，或拜訪世界上的每位上師。我們可以在此時此地就真正體驗到自己的真實本性、本覺，這不可思議的本初存在。即便是現在，這個開放、廣闊、無我的心，也是可用的、令人欣然接受的。

自顯自解脫，本然如是

當你聽到這樣的法教時，文字就如小氣泡或小火花般，在空氣中迸發，然後消散。如果你把它們都寫在筆記本上，然後將筆記本放在架子上，幾個月後，它們就會積滿灰塵，變成一種身外之物，而這種身外之物是我們沒有空閒卻又有意想找時間重新獲取的東西；這也可能是成為壓力的另一個原因。

然而，這些文字的真實含意甚至就在我們此刻的內在，不必將其寫下然後擱置書架，它也永遠不會蒙塵。我們始終有時間獲取它，與它產生連結。如果我們現在不與它連結，那還要等到何時呢？

在各種法乘「共」的法教中，有相當多的內容需要閱讀和學習，例如三藏及其所有的分支，還有經典和密續。但是這個被稱為「大圓滿」的法教──內在本覺的直接、赤裸之道──是超越心的，它是所有二元感知瓦解的時刻，或它們以自己的方式處於本然狀態的時刻，這就是廣大的開放與空性。這是觀點、見地、修行和日常生活中的證悟之道，因此，它包含了大圓滿的「見」、「修」和「行」。除了安住在自己已認出（或被指出）之內具的本然大圓滿──清淨和真實的存在，也沒有什麼其他可做的。

偉大、榮耀的證悟遊方行者巴楚仁波切曾說過，修持「共」的法道（大多數的佛教法乘）就如將一個妄念栓在另一個妄念上，由於我們自己刻意的努力，就會被無休止的推論鏈條所纏縛。但在大圓滿這條法道上，所有的顯相、一切萬法都會任運地消融於其自己的本然狀態，自顯自解脫，超越了固著和參照點，根本無任何事物可以綑綁或纏縛，也無人可被纏縛。無論它如何顯現，一切都是以

其自然的方式，本然如是。

在本然大圓滿的「立斷」中，龍欽巴尊者唱道：「只需保任本然態，塵勞之心得安住。」因為真的沒有什麼可以失去或得到，也沒有什麼可以希冀或恐懼。

讓心隨其所欲，正如《金剛經》所言：「應無所住而生其心。」大手印上師、印度成就者梅紀巴（Maitripa）唱道：

任由妄念自由行，如鴿放飛大海上，
無處落腳即返還，妄念自息生起處。

讓念頭自由自在，
就如一隻鴿子從航行在無邊大海的船隻上飛出一般。
這隻鳥兒除了飛回船上之外，無處落腳，
念頭也是如此，除了返回生起之處，也無餘處可去。

了知到這個源頭（心性本身），就獲得了解脫。

是誰知道事物的真實本質呢？真正的知者（心的空、明面向）是本初佛、普賢王如來、自己本覺的化身。本覺（本初佛普賢王如來）是非常重要的，正是這明光（光明佛性）在了知。即便是現在，只要我們了知的話，本覺智、本覺始終都在自己身上發揮著作用。

眾生的世俗心被賦予同樣的「明」或「知」，卻使用這種覺知而無法了知且迷惑自己。瞭解到事情如何發生非常重要，不僅要知道本初佛，還要知道眾生本初的無明究竟如何運作。

一切都是善妙、圓滿的

在這本覺或明覺中，安住著普賢王如來，「普賢」意味著一切從無始以來就是善妙、圓滿的。無論出現什麼，普賢王如來都認出它是自身光輝、任運的顯現，而非分離的二元感知。

因此，普賢王如來從最初就在萬法的廣界中保持著自由，認出並欣賞萬法為創造的、任運的顯現。然而，當事物在眾生心裡出現時，就被錯誤感知為不同的、「他者」、二元性。在這種迷惑中，眾生變得疏離、迷妄（就如同那喀索斯〔Narcissus〕[1]），並由於自己的無明而迷失在自我欺騙以及各種的困難和痛苦之中。

所以，在〈普賢王如來祈願文〉（這並非向普賢王如來祈禱的願文，而是普賢王如來自己的祈願文）中提到「一基二道」，意指無論是本初佛或無明的眾生皆有「基」（基礎），然而卻有兩條可能的「道」——本初圓滿的「道」，以及無明與綑縛的「道」。

所有眾生在有意或無意間，都想要並需要遇到這種內在的本初圓滿，即所謂的「普賢王如來」。但是如何遇見那尊佛或與自己的佛性相遇呢？這就是「道」（大圓滿的修持之道）的要點。本初佛、法身佛、普賢王如來很難見到，因此在能量層面上，法身顯現為報身金剛總持（藏Dorje Chang，音「多傑羌」），甚至在娑婆世界，以化身形式顯現為釋迦摩尼佛，以言語和色身來教導眾生。眾生實際上可以用這種他們能夠理解的方式，親身接觸到實相。

本初佛普賢王如來是完全的法身（究竟的無色實相）；報身金剛總持是在能量、淨觀層面；化身（色身）如歷史上的佛陀——

---

[1] 那喀索斯（Narcissus）是希臘神話中河神與水澤神之子，因不識自己的面貌而愛上河裡自己的倒影，最後憔悴而死。

釋迦牟尼佛,這三種佛實際上是本覺的同一化現。那些有著殊勝善業、福慧資糧的人,例如生活在佛陀時代的印度人,能有幸親見釋迦牟尼佛的色身。這是一種巧合,或他們殊勝的善業與佛陀五百世身為菩薩時所發的五百大願(即證得正等正覺之後能夠利益眾生的因緣)聚合。

因此,佛陀的祈願以及某些眾生的善業、善行聚合在一起,使某些人在佛陀的時代來到這個世界。我們很多人可沒有如此的機會親見釋迦牟尼佛,然而,我們有幸親見他在這世間的代表——源於他的各種傳統與傳承中的證悟上師們。

從上方引介見地,從下往上修持

大圓滿法有時被稱為「摩訶阿底」(Mahā Ati),因為它屬於密續的第九乘——摩訶阿底瑜伽密續(Mahā Ati Yoga Tantra)。「Ati」意指「山頂」或「高峰」,因為從上方(山頂)俯瞰,你可以看到山的所有側面和從山下通往山上的所有路徑。你可以縱覽全景,有更大的視野。有些人似乎是以一種方式攀登這座靈性山峰,也許是順時針方向蜿蜒而上,而另一些人則以逆時針方向上山。如果你從高處俯瞰,就可以看到所有不同的路徑都是在登上同一座山。但是當你從下方去看時,人們好像正走向不同的方向和路徑,而且似乎是矛盾的、不可調和的。事實上,所有的路徑都匯聚在生命存在終極演進的頂峰——成佛、大圓滿。

當擁有來自上方的見地時,我們就能看出所有的道路和修持如何結合,它們的核心或指導原則是什麼。然而,從下往上看時,我們常常好像看不到森林,因為會迷失在樹叢裡。因此,從

上方引介見地以作為指導原則至關重要，哪怕我們在下方正從事世俗的修持。如此一來，我們的世俗修持便能夠因為勝義實相的見地而極大加強，而且即使我們在逐步經歷各個次第，也會擁有真實的概觀。

我們不應該捲入宗派主義或批評之中。有時，在不同的佛教國家或不同的教義中，人們會說：「哦，喇嘛所描述的那些本尊（例如金剛總持）與佛陀無關，那是另一種教導，它混雜著印度教。」或許也會說：「那些本尊就如同印度教的神祇，那不是純粹的佛教。佛教沒有本尊，佛教是無神論，只依靠佛性。」或說：「只有藏傳佛教能在此一生中帶來真實的證悟。」這是一種迷惑、偏見、「從下方看」的觀點；由於樹木眾多，我們無法看到整座森林。但是當我們根據大圓滿去修持時，就彷彿從下往上爬山（透過世俗的方便法），同時理解著從上往下的見地（勝義實相），使用這雙翼（世俗諦與勝義諦）直接飛向成佛之路。

我們可以如此地來看待：透過從下往上提升的修持（世俗修持），包括行為、道德和禪修；與此同時，我們也帶著寬廣的見地從上向下而落。如此一來，無論我們從事何種修持，世俗與勝義都會一致、結合。這即是六波羅蜜的修行，每個都完全充盈著第六波羅蜜——般若波羅蜜。這也是菩薩乘修行脈絡裡大圓滿的方法和修持，即根據究竟見地、勝義諦、空性的理解，帶著見地自上向下而落；而同時根據自己的實際能力，透過世俗修持，自下向上提升。

自性是無限的廣界

有一天，某位瑜伽士從山洞出來下山乞食，他在市集上遇到

了一群孩子。他們正在打架，爭吵不休。一個說：「我爸爸有最美麗的金色臉龐和膚色，而且比任何人的爸爸都強大。」另一個男孩說：「我的叔叔有最閃亮的臉，就如一朵蓮花，他比任何人的叔叔都堅強。」又有人說：「不！我的爸爸才是最英俊、最帥氣、最強壯的。」還有人說：「不！是我的叔叔最有愛、最偉大、最有權勢。」每個小男孩都有自己重要的男性長輩形象，都在爭論誰最棒。他們吵得實在太厲害，瑜伽士甚至無法向他們解釋任何事情。於是他回到自己的山洞寫下這則故事，並將其與該時代的宗派紛爭連繫起來。

這難道不像不同宗教派別之間的宗派主義嗎？不僅是佛教內部，而且所有宗教中都是如此。每個男孩都有自己的爸爸或叔叔，這很自然，他認為他們是最棒的，對他而言就是如此。也無人需要評判或決定誰是最好的父親或監護人，每個孩子都有父母，這就已足夠。

同樣地，就如同佛教裡所有的宗派，我們都追隨佛陀。然而，我們卻發現自己在爭論哪個佛最好，是釋迦牟尼佛、本初佛普賢王如來、金剛總持佛或其他諸佛——本尊，例如觀世音菩薩、度母、阿彌陀佛或文殊菩薩。然而，無論我們如何打扮他（她），無論父母是誰，我們都是在爭鬥，好像都歸屬於不同部落，我們的工作就是要找出誰是最好的。這就如那群孩子，每個都愛著自己的父母，並宣揚他（她）是最棒的。這實在幼稚！

當了悟大圓滿的勝義自性時，我們就證悟了覺醒的佛性，然後就沒什麼要做的了。實際上我們根本無須討論哪種方式是到達那裡的最佳方式，一切事物的勝義自性本賦有慈悲明光心的大空性，化現為本初佛普賢王如來，正是我們自己本具本覺的化

身。它就是如來藏——一切眾生的佛性，這就是釋迦牟尼佛在菩提伽耶的菩提樹下，當晨星從東方地平線上冉冉升起時所證悟到的。他所醒悟且於內在體驗的正是一切眾生的真實本性，無一例外，這也是遍知的大圓滿上師龍欽巴尊者在其身心相續中所證悟到的。因此，他被稱為「龍欽」（即「廣界」），代指無限的空界——我們自己空性的無限。

所有這些內容從其本質來看都是同義的。大圓滿上師「龍欽饒絳」的名字意味著無限的廣界，它與賦有大悲心的「大空性」是同義詞。它是一位上師的名字，但我們不是崇拜某個特定的人或上師，我們肯定、實證這個名字的含義——我們的自性是無限的廣界。有很多修行上師，不只有龍欽饒絳尊者，都認出這真實的內在本性，這無可言喻的實相——無限的廣界。實際上，所有這些證悟的大師們都與佛心、本覺無二無別，這就是需要被證悟的和已被證悟的內容。

即使是在這個世界上，甚至是現在，據說也有許多秘密瑜伽士或言行謹慎的瑜伽士，藏語稱為「bepay naljor」。此詞指稱那些已證悟且未被廣泛認為是偉大修行聖者的人，但是他們已經深深地品嘗到證悟的果實，並且正在實踐它，也許他們正在我們之中寂寂無名地踐行著善業。

這種無限的廣界是我們不可思議的本性，誰能說誰已證悟或誰尚未證悟呢？當我們環遊世界或體驗其他維度時，有很多眾生都已經品嘗過它。我們可以從他們的行為、面容以及講述的故事中看出這一點——這些故事不僅記載於大圓滿傳統或佛教傳統中，也存在於任何傳統中或在西方世界裡。

這個真實本性是如此地廣大且不可思議，甚至有些飛禽走獸和

其他不可見維度中的眾生可說都已證悟了它,就如同在一些古老的印度本生故事(梵Jātaka)和其他法教故事中所述。經典中始終說一切事物都是本初佛普賢王如來的自明顯現,諸佛和眾生的無量無邊,誰又能說誰被排除在外呢?

在大圓滿密續中,清楚地解釋了這種無限的本初清淨,包括所有事物和一切眾生。根據密續所說,培養、修持這種聖觀(淨觀)是非常重要的。那就是認出一切事物本質圓滿,而不會將某些眾生看作是低劣或無明的,另一些則是高等、更進化、更開悟的,而是將一切眾生視為本具大圓滿無量壇城的一部分。

如果你認為自己遇到一位代表大圓滿傳承和傳統的上師,這也是偏頗的想法,這雖是一種幸運,但它仍是一個受限的概念。認為某一位喇嘛代表大圓滿或大手印,而其他地方的上師和人則不能代表,因為其他眾生都與大圓滿無關。我們沒有必要太嚴肅地看待這種想法。

在密續法道中經常提及的真正聖觀(淨觀),意味著我們可以並應該將一切事物視為圓滿清淨與本質美好,亦即超越了善與惡,無論它暫時顯現為何,皆如其所是地圓滿與完整。因為遠離二元執著,一切事物都只是法性、勝義實相、真如的展現而已。它是本覺、普賢王如來的自我展現或自性光輝,它是法性回聲般的自迴響,是一切事物的究竟狀態,我們都與其無二無別。

頂禮上師,感恩母親

真正的大圓滿瑜伽士擁有一顆開放、包容的心,不會將任何事物排除在他們圓滿淨觀的壇城之外。他們滿溢著智慧以及無為

的慈心與同理心，無須採取任何特定的看待或行為方式，也無須放棄和拒絕任何事物，這被稱為「大圓滿的任運事業」，或「無有罣礙的自在」。這不是我們可以輕易模仿的事情，然而，無論在多大程度上我們能夠認出並參與其中，對自己和他人都會產生巨大的利益。

在一首金剛歌的開頭，我唱道：「二十五位無上導師，虔敬頂禮至尊上師眾！」我有二十五位慈藹的根本上師，以及許多其他老師，首先是巴楚仁波切著名的大弟子堪布雅噶，以及堪布雅噶的弟子紐修謝珠滇貝尼瑪——我個人的根本上師和導師。這些上師向我展現出了經、續和論（梵shastra）中所說的一切殊勝的覺醒功德。

在這首關於「大空性」的金剛歌開始時，我唱道：

頂禮與根本上師無別，偉大上師龍欽饒絳巴，
及證本覺廣界上師眾，尤其學修成就如日月，
謝珠滇貝尼瑪我頂禮，虔敬頂禮上師蓮足前！

頂禮與我根本上師眾無二無別的
偉大上師龍欽饒絳，
他認出內在本覺之廣界；
特別禮讚謝珠滇貝尼瑪，
他的學問修行成就耀如日月，
我向他們虔敬頂禮。
在他們的蓮足前，我虔敬頂禮！

我對這些殊勝的金剛上師、傳承上師和我的根本上師，心懷無

限感恩、崇敬和欣賞,他們賦予我一切,不僅是修行的教導和個人的指引,甚至還有我年輕時的衣食庇護。我永遠都無法報答盡對他們的感激之情。

對上師、傳承和根本上師的感恩,實際上可以追溯至釋迦牟尼佛本人,他如此慈悲地示現在娑婆世界來教導我們,令我們獲得解脫。佛陀是所有上師的老師,傳承中生起的所有正向功德都是源於他的慈悲與教導——殊勝的佛法。

首先,要感恩、頂禮的是那些被稱為「上人」(those above)的人。這是指過去的人或那些更高等、更進化的眾生,例如根本上師的傳承和諸佛。第二類要感恩的是與我們平等的人,尤其最重要的是今生最親愛的母親,她賦予我們這寶貴的生命、人身,以及所有的閒暇、機會、圓滿和可能,包括遇到並修持被稱為「佛法」的解脫之道。

所有禮讚、頂禮和感恩都給予我自己的母親,她賜予我生命,賦予我身體,在我還是個無助的嬰兒時,她日夜哺育我,撫養我長大。她也是我的第一位老師,教會我這世間的道理,包括如何做最微小的事情,若無這些,我就無法活到今天,是我的母親給予我這具有八閒暇、十圓滿的人身。我們可以在不同的、解釋前行修持的「道次第」(藏lam rim)經典中閱讀這些內容。

一切顯相都是自心如夢的展現

在法國生活了五、六年之後,我在多荷冬寫下〈要點鏡〉,告訴我摯愛的母親,她的漂泊之子發生了什麼事情。

他所在的異國他鄉,人們乘著銀色的大鳥在天空中飛翔,坐著

強大的機器在地下和海底穿行。在這裡，有五光十色的各種經歷，有形形色色的男女，有人身穿上百件衣服作為裝飾，有人則穿著最單薄的衣服，或赤身裸體在海邊行走。而我卻四處遊蕩，除了破舊的橙色衣袍和一頂草帽，為我滿是皺紋的光頭遮擋太陽。

在這裡，有高達數百棵樹高度的機器，有深入地下數百米的建築，人們乘坐快速火車、超音速飛機、核潛艇旅行。科學家似乎甚至可以控制日出和月升，可以遊戲五元素——空氣、水、火、風、以太（或空間），就如神、魔術師一般，飛向月球，甚至飛向太陽。

在這裡，有人富裕到令人難以置信，有人也貧窮到完全無法救助。人們有著許多不同的、如夢似幻的經歷，這些經歷在西藏前所未聞，令人夢寐以求，但也不可思議。他們似乎迷失在這無明的黑暗中，就如西藏和印度的許多人一般，無論是否擁有物質利益，仍然渴望平靜、滿足和成就，缺乏精神上的平靜和證悟。

我見過如此之多不同的顯現，以至於無法一一描述。但是如果你清楚地去觀看並仔細觀察的話，所有這些令人難以置信、神奇無比的顯相，都只是你自心如夢似幻的展現。這只是感知的問題——我們如何經驗事物，就如一杯水對一條小魚與對人類而言截然不同，因為小魚可以把水當成家來生活。

無論多麼令人驚奇，當我們認出一切事物都是自心的展現或投射，當看到所有的感知都取決於自己的業力時，就不會再感到驚訝，因為我們理解事物的實際運作方式及其本來面目，我們就可以和諧地生活，並如其所是地欣賞一切事物。要看的東西有很多，但它們到底是什麼？它們就如一場夢、海市蜃樓、幻相、魔術師的幻術。有些夢持續一百年後消散，有些夢持續一分鐘或一小時後消散，另一些

則以具體的形式出現，在消散前似乎持續更長的一段時間。

一切事物最終都會歸於這勝義自性中。在這樣如夢似幻的萬法中，有什麼可接受或執著的呢？有什麼可評判的呢？又有什麼可拒絕或拋棄的呢？沒有什麼可拿起或放下。當你醒來時，即當你認出顯相如夢似幻的本質時，還有什麼可做的呢？這只是一場夢，所以你還想怎樣呢？除了去了知做夢者（知者）之外，沒有什麼可做的。到底是誰在做夢？

大成就者薩惹哈唱道：

十方何可造、尋、做？認證萬法非實存。

十方之內，有何可造、可尋、可做？
認出一切萬法非實存、不真實。

一切都是自在的，如其所是。還要做什麼呢？
外面是如此，內在也是如此。內心不停地如電影般顯現著念頭、散亂的念頭和分別概念，不是嗎？內心裡，顯現本體、心理現象、念頭的基礎是什麼？它們從哪裡來？它們暫時駐留在哪裡，又去了哪裡或消散在哪裡了呢？它們是什麼？思惟或分別概念是什麼？審視內在，觀察心，就如我們審視外在這個轉瞬即逝的世界裡那些無窮無盡的神奇顯現，如夢似幻的幻相一般。

所有的念頭、感受、情緒、感知、覺受、心態、分別概念等等，就如同天空中的雲朵，短暫地聚集，然後又散去，消融回同一片虛空中。緊緊抓住它們有什麼好處呢？試圖驅趕它們又有什麼好處呢？一切事物都是自心虛幻的、神奇的如夢顯現。除了認出它真

實的空性本質,並在任何看似顯現的事物中獲得解脫之外,沒有什麼特別要做的。

沒有必要去評判念頭和經驗是好或壞、可取與否、有利與否,就讓它們如其所是地來來去去。別過度攀緣,也別認同任何事物;既不追隨它們而沉溺其中,也不壓制或阻止它們。就是讓一切內在和外在的事物以其自己的方式出現和消失,如同天空中的雲彩,即使在日常活動和擔負的責任中,我們也能保持超然物外的狀態。

綑縛我們的是內在的執著

在這個世界上要做的事情很多,但我們需要知道的只有一件事情,那就是我們的真實本性,這是萬能藥、包治百病的靈丹妙藥。凡來者,亦去之,我們的本性(真實的根本存在)能超越一切外在的染污或暫時的現象,也不受它們的影響。它不來亦不去,它是不可變的,認知到這一點,便能體驗到本具的超越。那麼,輪迴與涅槃對行者而言,即不存在希冀,也不帶來恐懼,二元分別已經不復存在,沒有什麼可期待,也沒有什麼可退轉。

正如蓮花生大士所說,也如帝洛巴和那洛巴所說,亦如大成就者薩惹哈所說:

> 不關注外在的對境,也不關注內在的對境(主體本身)。不向外看,亦不向內看,讓它保持本然——空性的、自由的、開放的。綑縛我們的不是外在的對境,而是內在的執著。

這是印度的大成就者和西藏卓越的瑜伽士們的精髓竅訣，它也是基於釋迦牟尼佛本人所說的話語：「一切痛苦的根源都是執取和貪著，除此之外，別無其他法教。」這是一切的根源，也是所有不同解釋背後的原則。

　　縱欲不在於對境，而在於欲望之心，在於欲望本身。欲望賦予對境吸引力、可欲性和價值感，否則究竟有什麼可取的呢？一切都取決於心，取決於個人的狀態。某人欲求和渴望的事物，另一個人可能會深惡痛絕，不惜一切代價也要避免。這不是顯而易見的嗎？

　　因此，無論我們領受何種法教，都要安住在大平等、空性和光明開放中，超越執取與固著。這是體驗本具大圓滿、大空性真實本質的入口——超越一切分別概念與勤作，無勤地開啟真正解脫和真實無拘的存在狀態。

　　有些人可能會誤解並納悶：「那為什麼還要行善以及累積功德或幫助他人呢？」「為什麼要生起慈心與悲心呢？」其他人可能會想：「既然空性中一切事物平等，為什麼不繼續造作惡業呢？」這是一種嚴重的誤解，是一種偏離見地的過患。這是斷見（虛無主義），偽空性的深淵在誘惑著我們。

　　當我們了證本然狀態——一切眾生的真實本性時，自然會湧現出不可思議的任運悲心、慈心、關懷與同理心，因為我們了悟到並無一個與他人分離的自我，我們便可待人如己，沒有任何理由去瞋惡、執著或利用他人。真正的修行證悟自然地賦有不可思議的功德，例如悲心、慈心以及樂於助人。每個人都被視之若己，不再是一個恆常獨立的實體，而是一個相互依存、受制於業力臨時力量的聚合體。因此，無論痛苦和苦難出現於內在或外在，無論是為自己或他人，我們都會去減輕它。為什麼不呢？沒有人想要痛苦，不是嗎？

當了證事物的真實本質時,你怎麼能不對所有那些並未證悟這一點的人產生不可思議的任運慈悲呢?眾生都想要快樂,但由於無明,卻不斷地為自己造作更多的痛苦,這是多麼能令人生起悲心的理由啊!眾生將虛幻、不真實和無常的事物誤認為是真實和恆常的,這是多麼能令人生起悲心的理由啊!眾生將有利益的事物視為無用的並忽視它,這是多麼能令人生起悲心的理由啊!凡是痛苦和無明生起之處,慈悲就會油然而生,以解脫、緩解因無明而受苦的眾生,這是真正體悟真實本質後的任運流露。

這就有如當人看到孩子們在街上奔跑時,他會自然地伸出手把他們從車流中救出一般。這並非是忖想去做的問題,也不是誰家孩子的問題,人們只是自然而然地作出反應。這就稱為「慈悲」,但它真的不是一種概念化的慈悲,只是基本理智的適當行動。這是任運的證悟行為——本然的慈悲,是真實證悟的結果。

在這些竅訣中說,當人認出真實本性,或感知到自己的本來面目時,即使是狗臉人、獅面人,也能在此生中成佛;即使是目不識丁或學富五車的人,也能在此生中成佛。這意味著證悟並無特定的先決條件,唯有徹底地突破,並不必然取決於學識、虔誠、地位或聲望。

沒有人可以代替你修行

請別認為我們會在這個世界上待很長的時間,這是一次非常短暫的相遇。然而,這就是大圓滿的時刻,它超越了持續性、時間和空間。我們有幸與法教結緣,並有機會修行,這不僅僅是種下了種子,因為我們現在就可以真切地體驗到果實。如果一個人能真正地

在修行中成熟或深入，就是在當下，而不是在未來。別以為我們需要更多的時間，這是關乎「現在就修持」的問題。

　　思惟法教，不一定意味著你必須學習積累下來的每卷錄音帶和每本書。事實上，只需要思惟留在心裡的任何法教內容，哪怕它只是最微小的一個主題或詞語，例如「無常」、「不實存」或「如夢」。因為修行的時間不是用來浪費和嬉戲的，我們也可以用聽聞、辯論和書籍來進行智性上的遊戲，這雖能帶來極大的樂趣，但也屬於一種散亂，只是更複雜的遊戲形式而已。

　　每個人都喜歡遊手好閒、自得其樂，我本人也喜歡研習數十萬頌輝煌的大圓滿法。然而，聽錄音帶並非證悟大圓滿的究竟方法，有時大量的聽聞只會增加戲論，並引發更多疑惑和複雜的問題。然後，還需要進行更多的智性探究，而現在我們可以通過簡單的修持，以解決所有那些可能的疑惑和問題。

　　當我們知道如何真正地修持和禪修時，就無須繼續尋找其他方法和相關法教。有許多不同種類的法教令人感到非常欣喜，但如果真的想要斬斷二元分別的根源，我們就需要立刻將其應用入修持，而非在搜集了關於此主題的所有可能法教後的未來某個時刻，才開始修持。

　　我一生都在努力領受來自西藏不同傳承之二十五位證悟上師的傳法和教導。但事實上，我們所需要的全部就是知道如何禪修並將這些內容付諸實修。

　　如果這幾句發自肺腑的建議能夠讓你受益，並證明對你有用的話，那麼我一生的努力就都是有意義的。有些人可能會認為大圓滿只是另一種奇怪的外國邪教或迷幻經驗，如果有許多的辯論、宗教比較、哲學上的吹毛求疵和對比，也許我的努力就是徒勞的。

我希望你們能理解我想說的話,好好地修持,並善用這些時刻與法教。其根本是對三寶有信心,在外、內、密三個層面上理解佛、法、僧。虔敬心和慈悲心也極有裨益,因為它們揭顯出本覺本身的鮮明,並增強其光彩。別忽視世俗修持的支持性,若對你有意義且可行的,都可以使用。

　　沒有其他人可以代替你修行,你的修持必須適合自己,而非僅僅模仿別人,無論它表面看來有多好。請盡可能地為自己釐清這些事情,那麼,一切就將圓滿達成。

　　薩爾瓦芒嘎朗──願一切圓滿吉祥!

第七章
金剛正念鏡

藏譯英／蓮師翻譯小組
偈頌中譯／黃靖雅
白話語譯／拉姆耶喜德

頂禮內在無上王：即此自生之正念。
我是正念之金剛，觀兮金剛道友眾，
見我請即持正念，我即正念之明鏡，
映照爾心之觀照，諦觀剎那觀心性！

頂禮內在至高無上的王——自生正念。
我是正念金剛，
看，金剛道友！當看到我時，請保持正念。
我是正念之鏡，
我映射著你們的觀照，
看清楚，剎那、剎那地直視心性。

正念即是法根本，正念即是修本體，
正念即是心堡壘，正念輔助本覺智，
正念支撐大手印、大圓滿及大中觀。

正念是法的根本，

正念是修的本體，
正念是心的堡壘，
正念是本覺智的輔助，
正念是大手印、摩訶阿底、大圓滿、大中觀的所依。

**若無正念邪力勝，若無正念懈怠襲，
若無正念惡行孳，若無正念無事成，
若無正念糞穢積，若無正念尿海眠。**
缺乏正念會讓負面力量戰勝你，
沒有正念，你會被懈怠所席捲。
缺乏正念是惡行的創造者，
沒有正念和心的現前，任何事都無法完成。
缺乏正念會堆積很多糞便，
沒有正念，你就在尿液的海洋裡沉睡。

**若無正念皆行屍，請持正念我道友，
願依聖僧佛菩薩、傳承上師之願力，
道友正念得穩定，圓登正覺之寶座。**
沒有正念，你就是個無情的僵屍，行屍走肉。
親愛的法友們，請保持正念！
以聖者喇嘛、諸佛菩薩、傳承上師的願力，
願所有金剛道友證得穩定的正念，登上正等正覺的寶座！

**如是寥寥疏漏語，齙牙蠢牛凡僧我，
蔣揚多傑霍然書，供養慧眼道友眾！**

這寥寥數語，是齙牙蠢牛、凡夫僧人蔣揚多傑無備而寫，供養給天賦法眼的金剛道友們。

善德安樂願增廣，薩爾瓦芒嘎朗！
善德、喜樂、平安！
薩爾瓦芒嘎朗！

◉此首金剛歌作於1982年，法國多荷冬。

第八章
無限廣界

鹿野苑閉關

藏譯英／大衛・克里斯滕森
偈頌中譯／黃靖雅
白話語譯／拉姆耶喜德

頂禮本初佛普賢王如來！

不識佛土、本具淨法身，眾生流轉有為之世間，
困於業力煩惱之悲原，上善之道且令倦心歇！
不識勝者淨土、本具清淨法身，
眾生在有為的世間流轉，
被困在這充滿悲傷、業力和煩惱的無邊平原。
最好讓你疲憊的心休息下來。

凱吙！何等幸運我友伴，此無上地如虛空廣境，
且觀如是善妙清淨境！
噢（藏Kye Ho，音「凱吙」）！我極幸運的朋友們，
在這究竟的無上之地、虛空般的廣界，
看看這奇妙的清淨景觀。

**外境即是無整之叢林，眾色斑斕花樹綴其間，
飛禽走獸嬉戲聲歡悅，如花聖物白雪降霏霏。**

外在：不加修整的天然森林，
點綴著萬千斑斕的色彩，
樹木、爬山虎、樹葉、花朵，
各種鳥類、鹿、臭鼬、火雞和其他野生動物在嬉戲。
各類生物發出悅耳的音聲時，
一陣雪花從天空飄落，
形似花朵、花瓣和神聖之物。

**如是靜處世俗喧囂遠，散心雜話徒擾寂靜修，
於此自然靜謐森林中，若欲成就智慧三摩地，
此即善處嗳瑪吙善哉！**

在此處，完全沒有無意義的世俗喧囂，
那些閒話只會打擾寂止的修持。
在這自然靜謐的森林裡，
是成就智慧和三摩地的最佳處所。
嗳瑪吙，多麼美好！

**內境無整心性即法身，本生起本解脫本無礙，
本具智慧廣境普賢王，離諸因緣對境與勤作。**

內在：無修整的、內在的心性即是法身，
本然生起、本然解脫，
本然清明無礙。
普賢王如來本具智慧心的無限廣界，

超越一切因緣，
一切對境、固著、精勤和造作。

離諸設限偏私本初佛，自心即是普賢王如來，
莫赴他處尋覓究竟主，本覺即內覺知無上智，
本然如空智慧噯瑪吙！
遠離所有限制和偏私——本初佛，
自己的心——普賢王如來。
別在自己之外的其他地方找尋究竟之主：
本覺——內在覺知的無上智慧，
本然如虛空般的智慧心。
噯瑪吙！

其間無整己身即佛土，蘊處界本初清淨圓滿，
非作所成本具之壇城，五塵六識對境一切法，
任生皆是樂空智顯現。
在兩者之間：無修整的、自己的身體即是佛土。
諸蘊、諸根和諸界
是本初清淨、圓滿的，
非任何人所創造，本具的本尊壇城。
五塵和六識諸法，
無論生起什麼，都是樂空不二智慧的戲現。

依本具大圓滿密修道，金剛歌舞妙樂霍然現，
如海薈供歡悅無邊際，同享輪涅一味如大樂。

依本具大圓滿的密修之道，
金剛歌舞和各種創造性喜悅競相迸發而出，
似海一般的薈供，無量無邊的歡樂。
輪迴和涅槃一味同享，如同體驗大樂。

世間顯相未曾動法界，法身廣境普賢王心中，
無限顯相種種縱生起，本然平等性中皆圓滿，
本具本然大圓離智性，尊貴上師龍欽饒絳巴，
即無垠大廣界噯瑪吙！
世界萬法無論如何顯現，
從未動搖過法界，哪怕一絲一毫。
在這法身的廣界（藏longchen），即普賢王如來的智慧心中，
所有無限的（藏rabjam）各類顯相，無論如何生起，
在本然平等的忍可中都是圓滿的。
本具的本然大圓滿超越智性，
尊貴的「龍欽饒絳」（藏longchen rabjam）——偉大的無限廣界。
噯瑪吙！

無量無垢光能淨無明，輪迴圓滿涅槃亦圓滿，
自生本具金剛無怖畏，即是上師吉美林巴尊，
願於不變法身得自在！
無數道無垢之光（藏drimé oser，音「智美沃瑟」）
自然淨化大無明——心中的闇昧。
輪迴都圓滿，涅槃都圓滿，
自生本具金剛——無畏上師吉美林巴，

願我們在不變的法身中取得靈性之主！

這是由來自西藏雪域的流浪狗、遊方堪布紐修蔣揚多傑所寫。在美國參加為期兩個月的大圓滿山間閉關，此閉關由大圓滿瑜伽士舒雅達喇嘛、許多西方佛法老師和修行法友一起帶領。

願善增長！

◉此首金剛歌作於1992年，紐約，利文斯頓莊園（Livingston Manor），大菩薩禪堂。

第九章

幻相歌

給弟子的信

藏譯英／蓮師翻譯小組
偈頌中譯／黃靖雅
白話語譯／拉姆耶喜德

映現無垢光之如幻慧，與佛父文殊勇父無別，
引領末法眾生趣解脫，於受亂相所惑無明眾，
指示無迷心性之法主，頂禮遍知滇貝尼瑪師！
頂禮上師！
無垢光的如幻智慧映射，
與諸佛之父——文殊勇父（藏Jampel Pawo，音「蔣貝巴沃」）——無二無別，
在這末法時代現身引領眾生解脫。
哦！我的根本上師——滇貝尼瑪，您是遍知的！
自生法主，將無迷亂的心性展現給
那些因無明而被錯亂顯相欺矇的眾生。

凱吙！具福善友請諦聽，佛法燦然夏湖天鵝棲，
供養任運書信幻相歌，於我弟子及金剛兄弟，
傳書近況莫以坦露謬，傾君金蓮耳聽頑友言。
噢！具福的善友們且仔細聆聽，

天鵝棲息在佛陀法教燦爛的夏季湖面上！
對我的弟子和早已熟識的金剛兄弟姐妹們，
我供養一封任運書信——一首幻相歌，
告知你們我的近況。
別認為我的坦誠表露是錯誤的，
但請仔細聆聽，你們金色蓮耳裡的頑皮朋友所說的話。

此生雖未廣具大功德，前世淨行福德圓滿故，
值遇無上上師虛空寶，淨信白如無垢牛乳湖。
儘管此生我不具有廣大的功德，
通過前世淨行所累積的圓滿福德，
我值遇了無上的上師——虛空寶。
淨信如無垢染的牛乳之湖，不論湖面和湖底都潔白。

盡心承事法源善知識，如金山下凡石亦沾光，
故從遍滿無明妄念網，二元執取實有鐵鍊中，
受困我心如是得歇息，如乞樂哉鬆脫有為法，
摧破希懼如幻八法網。
我竭盡全力承事我的善知識——一切佛法的根源。
正如在一座珍貴的金山腳下，
即便是普通的石頭也會染上它的光芒。
我的心也是如此——被困在尋思妄念之網中，
被普遍的無明所綑縛，
被強烈二元分別和執取實有的帶刺鐵鏈所束縛，
終可獲得休息。

一個乞丐從有為法中解脫出來，放鬆在快樂、開放的心境中，
我摧毀了由如幻的希冀與恐懼所構成的世間八法之網。

**法王龍欽饒絳如是說：有為之法無休如溪流，
任其自然方休即其性。上師教導無為自顯故，
心知無作一切自圓成。**

法王龍欽饒絳說：
「有為法永無休止，如溪流上的漣漪，
當我們任其自然時，它們才會停止，這就是它們的本質。」
所以，同樣地，透過慈悲的上師教導我無為和自顯，
我心中生起這樣的念頭：
「不必做任何事，一切皆已完成。」

**前無須守瑜伽我樂哉！後無須助獨行我樂哉！
無勞勤作費時我樂哉！無須長慮鬆坦我樂哉！
口舌無傷淡定我樂哉！**
在前方沒有人需要我保護：一位瑜伽士，我很幸福！
在後方沒有人需要我支持：獨自一人，我很快樂！
我沒有工作需要推諉：不浪費時間，我很幸福！
我無須做長期計畫：輕鬆的，我很快樂！
遭受批評我不沮喪：鎮定的，我很幸福！

**上師慈示勝妙中觀道，如佛所教不動於所需，
臥眠金屋寶山亦不驕，棲身果園茅屋亦無憂，
我心不為希懼所侵擾。**

透過慈悲的上師，他為我展示了勝妙的中道，
正如佛陀所教導，不為生活所需的任何一端所動搖，
儘管我睡在純金打造的美麗豪宅，
各種珠寶堆積成山，
我也無須高傲自大或希求讚美。
雖然我住在涼爽陰涼的果園裡——卑微者的絕佳庇護所，
或者層疊茅草搭建的小屋，
我也不用哀傷，我的心不被希冀與恐懼所佔據。

上師慈示無上菩提心，無論貴賤所遇男女眾，
皆懷慈悲皆是我父母，皆懷關愛皆是我手足，
為此愚人妒者縱笑我，本然善念全然無變異。
透過慈悲的上師，他教導我殊勝的無上菩提心，
無論我遇到什麼人，無論其地位高低，我都抱有慈悲，
無論男女，都是我久遠以來的父母。
我把他們視為親密的兄弟姐妹，心中充滿愛，
為此，愚蠢或嫉妒的人可能會嘲笑我，
但他們無法改變我本然的善念。

道上值遇何人遇何事，我皆無憂天真如孩童，
人云我是無方浪遊者，故不珍視財富之積累。
然因聚守眾苦之根源，因而散亂即斷善命脈，
人命如絮轉瞬隨風散，自殘之刃何勞勤顧惜！
無論在街上遇見什麼人，
無論發生什麼，我都無憂無慮，天真如孩童。

「他是個漫無目標的遊方者；他不看重財富」
他們可能會這麼說。
但因積累和保護一切痛苦、毀滅、爭吵的根源而散亂的話，
人就切斷了善心的命脈。
生命就如飛絮般隨風飄散，
所以，我不太珍視這自殺的武器！

上師慈示無需任何物，解渴無需八法之幻水，
偏私毀譽無非如回音，人心燦如日光耀雪山，
不冀於下不縛於眷眾，知虹性故不捉虹之色，
不為人喜我心亦樂哉！
透過慈悲的上師，他教導我不需要任何東西。
我不希望用世間八法的幻水來解渴，
因為偏私的褒貶就如回聲，
而人心就如照在雪山上的陽光，
對下屬不期待，我不受縛於眷眾，
我不會因不瞭解彩虹的本質而試圖捕捉其色彩，
即使別人不喜歡我，我的心也是快樂的。

上師慈示圓次之慧樂，我以智慧明妃為所依，
大樂之味空牛之乳汁，封印情器萬物蘊、種、處，
顯相皆是大樂之象徵，受用四喜瑜伽我樂哉！
透過慈悲的上師，他指引我進入圓滿次第的智慧大樂，
我以智慧明妃（善巧方便的使者）為所依：
大樂之味，產自天空之牛的乳汁，

封印了諸蘊、諸大種、諸處和情器萬物，
一切顯現生起都是大樂的象徵。
我很歡喜，一個受用著大樂之四喜[1]的瑜伽士！

上師慈示萬法皆幻相，幻輪無礙生亦轉瞬滅，
聲如回音明而無生音，戲論如雲自生自消散。
透過慈悲的上師，他指引我萬法皆如幻相，
在無盡的幻相之輪中，顯相無礙顯露，也轉瞬即逝。
聲音如同回聲中清晰卻無生的音符，
散亂的戲論想如雲般自生起，又自消散。

凱吙！我友且觀此妙戲，於此勝義自性之平原，
本初即離束縛與解脫，石女之子駕御幻化象，
頭戴空花載歌載舞來，誰將戲論習性強加於
法身王者戲變諸有上？輪涅幻戲何等善妙哉！
噢！朋友們！看看這精彩的表演吧！
在勝義自性的平原上，從一開始，就超越了束縛和解脫，
石女（不孕女）之子騎著幻化的大象，
他頭戴天空之花，載歌載舞而來！
誰將戲論想的理論模式強加在
本是王者法身遊舞示現的諸法存有之上？
這輪迴與涅槃的如幻之戲是多麼地美妙啊！

---

[1]「四喜」是指修行脈、氣、明點，打通中脈的臍輪、心輪、喉輪、頂輪，相應獲得的喜、勝喜、離喜、俱生喜。

上師慈示勝義性即幻，師云於此無垢且清淨，
遍在本初智慧虛空中，悟無偏勝義身即離邊，
執實希懼之修有何用？
正如慈悲的上師指引我勝義自性即是幻相時所言：
「在無垢、清淨、遍在的本初智慧虛空中，
無偏私之勝義身的證悟，不落入任何一邊。
執著實有、希冀和恐懼的禪修又有何用呢？」

無修平常心中誰迷妄？妙哉勝義無為空瑜伽！
愚者執實詃作無須作，猶如渴鹿徒求陽燄水，
徒勞無益堪憐無明眾！
即使保持平常心、不禪修，又有誰在迷妄？
勝義自性的無為虛空瑜伽（藏namkhai naljor）是多麼地美妙！
愚稚者執取實有，吹噓做了本來無須做的事，
他們就如口渴的鹿，試圖搆到陽燄之水。
可憐的無明眾生，被毫無意義的疲憊所折磨！

上師慈示顯有皆幻相，輪迴涅槃無量斑斕光，
勝義空慧自明無礙舞，生於幻境如幻之遊戲，
如幻修士已達幻相界。如夢顯相無實空如竹，
無實色法如水月空影，如是於瑜伽士有何用？
透過慈悲的上師，他讓我看到顯現和有為都是幻相，
當輪迴與涅槃的無量彩光，
勝義虛空智慧的自明、無礙的遊舞，
在幻相之境中生起，如同幻相的戲耍，

如幻的瑜伽士到達了幻相本身的領域。
這些虛幻如夢的顯相——
空的、虛的、無本質的，就如竹子，
無實質的色法如水中月、空中幻影，
於他又有何用？

上師慈示顯相皆幻相，智性觀察戲論之迷霧，
及受重誘於諸虛幻物，悉皆自解脫而消融於
離念離詮無生勝義空，希懼無拘迎拒不能縛！
透過慈悲的上師，他向我揭示一切顯相皆為幻相，
智性分析的戲論判斷迷霧，
以及受到虛幻之物的強烈吸引，
皆在超越念頭和言詮的無生勝義空中，
自解脫而消融。
不再受希冀與恐懼的束縛！
不再被迎取和拒斥所束縛！

嗳瑪諦聽，摯愛我友伴，無點無聰之我如是想，
如幻修士窮盡迎拒時，輪涅生起如幻本質上，
此即實離一切障之果，除此廣大知解有何用？
嗳瑪！諦聽，親愛的朋友們！
雖然我既不精明也不聰慧，但我如是想：
本質上，當如幻的瑜伽士窮盡迎取和拒斥時，
輪迴和涅槃就如虛幻遊戲般生起，
這實際就是離於一切遮障之「果」。

除此之外,廣大的知識和理解又有何用?

上師護法慈示一切法,我受龍欽饒絳之遺教,
無比貴重難以珍寶量,我縱自以智性堪指引,
了悟光明勝義虛空髓,然無覺受更遑論證悟,
若謬謹懺本尊上師前。
透過慈悲的上師、無上榮耀的護法,他們開示這一切,
我領受到這龍欽饒絳的遺教,
這是無法用金銀珠寶來衡量的。
儘管我認為自己可以僅僅只用智識的方式指引
光明勝義虛空心髓的了悟,
但我尚未獲得絲毫體驗,更遑論證悟了。
如果犯了任何過失,我要向本尊和上師懺悔。

如世間主智美沃瑟言:所識弟子金剛兄弟眾,
今當依止暇滿如意寶,君如幼獅隨佛人間獅,
覺證圓如雪獅鬃藍綠,速抵大樂勝義廣境國!
正如世界之主智美沃瑟所言:
「我所熟識的弟子和金剛兄弟姐妹們,
現在,當你們以賦有暇滿的如意寶為所依,
佛陀的法教就如雪山般散發著灼灼的光芒,
你們所有人,都像正值青春的幼獅,
追隨著佛陀──人間雄獅!
體驗和證悟臻至圓滿後,就如雪獅豐盈的藍綠色鬃毛般,
你將很快抵達大樂勝義廣界的王國!」

他日我縱因惡入地獄，定得慈悲上師之救度，
彼時與我有緣諸眾生，願於如來青蓮佛土中，
同證無上正等正覺佛。

即便有朝一日，我這個惡人下了地獄，
我一定也有幸得到慈悲上師的救度，
我希望並祈願，那時所有與我有緣的眾生，
在如來美麗的青蓮佛土中，
都能共享無上的正等正覺。

此前願以世俗之業力，金剛兄弟再再得重逢，
共享上師龍欽巴密法，珍饈神饈珍寶明光心。

在此之前，我祈願通過世俗的業力，
我們金剛兄弟姐妹們能一次次地重遇，
共享遍知上師龍欽巴的秘密教法，
這明光心寶的珍饈神饈。

另於人天禮敬之僧伽，我今供僧白芬陀利花，
祈願僧眾蓮足駐劫海，祈願修法之光耀百方。

此外，堪受人、天禮敬的僧伽，
我想為你們供養一朵白色的芬陀利花（pundarika flower），並祈願：
願你們的蓮足駐留劫海，
願法教和修行之無量光芒照耀百方。

「作者之王」本覺離念作，我猶恭傳信息之文字，
皆其自顯心子之歌舞，源自胸中紅帳之宮殿，

十六脈受用輪秘密道，傳送耀如雪山白紙路，
往檀香山南林謝竹寺。

儘管本覺——一切作者之王——超越動念和勤作，
誠摯地傳遞我的信息，
這些文字即是其自顯——心之子的舞曲：
它們來自胸中深紅色帳篷的宮殿[2]，
在身體的高山堡壘中，
透過十六脈瓣受用輪的秘密通道[3]，
發送一條雪山般耀眼的白紙之路，
前往檀香林（Sandalwood Forest）中的南林謝竹寺（Namling Shedrub Monastery）[4]。

◉ 此金剛歌作於1981年，法國多荷冬。

---

2 「深紅色帳篷的宮殿」所指為心臟。
3 「十六脈瓣受用輪的秘密通道」是指言語中心（喉輪）。
4 南林謝竹寺（Namling Shedrub Monastery）位於印度的邁索爾（Mysore）。

第十章

竅訣聖心髓

致妻子的任運金剛歌

藏譯英／舒雅達喇嘛、大衛・克里斯滕森、科琳娜・鐘
偈頌中譯／黃靖雅
白話語譯／拉姆耶喜德

頂禮上師！

法王化身龍欽饒絳巴，謝珠滇貝尼瑪佛部主，
二大伏藏師與諸上師，暨二十五位無上導師，
虔敬頂禮至尊上師眾！

法王化身——龍欽饒絳、
諸佛部主——謝珠滇貝尼瑪[1]、
兩位無上的偉大伏藏師[2]、其他上師、
二十五位無上的導師，
我虔誠禮敬。

所書建言乃為我摯友，丹確桑嫫及我弟子眾。

---

1 謝珠滇貝尼瑪是紐修堪布仁波切的根本上師。
2 兩位伏藏師是指敦珠仁波切和頂果欽哲仁波切。

此建言是寫給我的摯友丹確桑嫫等人，
以及那些依止我的弟子們。

【一】

今生已得暇滿人身寶，且遇無上純正上師尊，
領受耳傳心授勝法門，此時莫縱三門荒忽過，
如下修持必能成正覺。
今生，我們獲得了美好、自由的暇滿人身，
值遇無上的真正上師，
領受了耳傳心授的殊勝教導。
此時，我們不能對三門[3]置之不理，
按照以下方式修持，以獲得正等正覺。

先修上師如佛五感知，觀想於自頂上或心間，
示現無上慈悲法主師，虔敬猛烈直令汗毛豎，
且以孺慕悅音作祈請，而後觀修領受四灌頂，
師心我心合一無分別。
首先，以上師如佛等五種感知[4]，
在自己頭頂或心間，
觀想無上、慈悲的法主——上師，
虔敬心強烈到足以讓你的汗毛豎起，

---

3 「三門」是指身、語、意三門。
4 「五種感知」是指大圓滿竅訣部的竅訣。

以悠揚、渴望的呼喚祈禱，
然後接受四種灌頂，將你的心與他的心融為一體。

勝者無量成就法門中，總攝其義上師相應法；
大密了義顯經密續中，尤其大圓滿法之密續，
盛譽莫如《遍寶方便法》。
勝者（諸佛）的無量成就法中，無一例外，
如果加以濃縮，即是上師相應法。
在所有廣大、秘密、了義的經典和密續中，
尤其是大圓滿密續，
此《遍寶方便法》最受推崇。

如依自心而依慈悲師，具足靜定持戒性平和，
善德超勝並諳諸經典。
因此，我們應該如依止自心般，
依止一位慈悲的上師，
他沉著冷靜、持戒精嚴、心境平和，
具足超勝的善德，並博通經典。

如是眾皈依處之化身，若不依止不能成正覺，
若無嚮導無眼難致遠。如是殊勝解脫之嚮導，
摯友，應常無間作祈請！
如果我們不依止這所有皈依處的寶貴化身，
就不可能獲得正等正覺。
沒有嚮導，盲人如何旅行呢？

因此,不間斷地向偉大的解脫嚮導祈請。
我的摯友!

皈依乃是佛法之根基,無此根基難入解脫宅,
應視上師為我道上伴,應以三種信心求皈依。
摯友,於聖法基莫謬解!
皈依是佛法的基礎,
沒有它,不可能進入解脫之宅。
把上師視為我們道途上的友伴,
透過具足三種信心[5],我們要常請求皈依。
摯友們!別誤解聖法的基礎!

若無正念將為盜魔摧,今生來世無量之正行,
皆因憶持正念而圓成。摯友,故應當下持正知!
如果我們缺乏正念,
我們將被如盜賊般的魔羅摧毀。
今生及來世所有無數的正行,
皆是透過正念而完成,
所以,心要在每個當下永遠保持正知。
我的摯友!

出輪迴入解脫之道口,一切正法修持第一步,
教云唯有真正出離心。摯友,故應深思出離心!

---
5 「三種信心」是指意樂信、清淨信和勝解信。

據說,脫離此輪迴的出路,
通往解脫道的偉大入口,
也是所有佛法修持的第一步,
只有真正的出離心。
所以,深刻地思惟出離心。
我的摯友!

少因放逸遊戲而散亂,壯則欲望侵擾青春身,
老而髮白面皺死期近。摯友,此生無意荒忽過!
童年時期,因玩耍而散亂;
風華正茂,青春的身軀被欲望所擾;
白髮蒼蒼,皺紋滿面,又趨向死亡——
這人生就毫無意義地度過了。
我的摯友!

世間日夜分秒轉瞬逝,剎那生滅有生亦有死,
有樂有苦有笑亦有哭。但見萬法無常如閃電,
切莫懶散懈怠不關心,自恃已得金剛不壞身,
堪長存至彌陀降臨日。摯友,悲哉切莫不關心!
在這個世界上,每分每秒,白天和黑夜,
每個剎那都轉瞬即逝。
有人出生,有人死去,
有人快樂,有人痛苦,
有人在哭,有人在笑等等。
見萬法有如閃電般無常,

懶散懈怠、漠不關心，
自以為獲得金剛不壞之身，
能一直活到彌勒菩薩降臨之日，
這是多麼地可悲！
所以，切莫無動於衷。
我的摯友！

萬法本質虛幻且短暫，以苦為樂二元感知者，
一如刀鋒之上舔蜜人，頑固執實之人甚堪憐。
摯友，何不轉心向內觀！
一切事物的本質都是虛幻且短暫的，
那些具二元感知的人以苦為樂，
就如那些在刀鋒上舔蜜的人。
那些強烈執取實有的人，是多麼地可憐！
將你的注意力轉向內心。
我的摯友！

樂時一切顯為悅意境，苦時一切遍滿威逼迫，
諸受如日照山影斑駁，當此之時無人堪依怙。
摯友，何不轉手指自身！
當你快樂時，一切都顯得很愉悅；
當你不開心時，一切都充滿威脅和壓迫，
人的情緒就如陽光之下山脈上的亮點和陰影。
此時無人可以依靠，
所以，把手指指向你自己吧！

我的摯友!

暇滿人身猶如滿願寶。摯友,莫入寶島空手歸!
這暇滿人身就如滿願寶,
不要入寶島而空手歸。
我的摯友!

於此六道輪迴大城中,堪比女鬼島或毒蛇穴,
亦或令人痛苦之火坑。摯友,應常憶念苦逼迫!
在這座六道輪迴的巨大城市裡,
堪比女鬼之島或毒蛇之穴,
或令人痛苦的火坑,
思惟痛苦是如何不斷地壓迫著我們。
我的摯友!

命力人壽逝如山澗水,無常轉瞬即至,我摯友,
三界輪迴如獄難逃脫。摯友,故於輪迴莫執著!
生命力和人的壽命都如陡峭的山澗流水般匆匆流逝,
無常很快就來臨,我的摯友。
三界輪迴如同無法逃脫的牢獄,
所以,不要太過執著於輪迴。
我的摯友!

依善變友如逐天邊虹,需援手反袖手,我摯友;
和合萬法如雷閃虛空,故莫倚賴萬緣,我摯友;

家人短暫猶如市集客。摯友，莫懷怨憎莫爭鬥！
依靠善變的朋友就如追逐彩虹，
當你需要他們時，他們卻幫不上忙，我的摯友。
一切和合法都如空中的閃電，
所以，不要依賴任何事物，我的摯友。
家人是短暫的，如同市集上的遊客，
所以，不要爭吵，別對他們心懷惡意。
我的摯友！

財富短暫猶如草上露，為修行請布施，我摯友；
唯一具益無上殊勝法，故莫自欺欺人，我摯友；
永恆依處純正上師尊。摯友，切莫佯守三昧耶！
財產是暫時的，如草上的露水，
因此，基於修行，請慷慨地布施，我的摯友。
唯一能帶來利益的是無上、殊勝的佛法，
因此，別自欺欺人，我的摯友。
永恆的皈依處是一位真正的上師，
因此，別虛偽地對待你的三昧耶。
我的摯友！

頭若斷己身將無所成，誓戒若毀於法必無成，
是故長持正念與正知，恆時守護誓戒，我摯友，
內清淨已外在必清淨。摯友，應持淨觀於一切！
如果砍掉了頭，身體將一事無成，
如果破毀了三昧耶，你將無法達成佛法的目標。

因此，透過時刻保持正知、覺知和警惕，
來保護你的三昧耶，我的摯友。
人如果內在清淨，所有的外在也會清淨，
所以，要對一切事物保持淨觀。
我的摯友！

僧團法道典型功德田，莫具邪見擅評，我摯友，
縱不完美佛陀之弟子，百位凡夫難以相比擬。
摯友，故當承事與敬重！
無上功德田和法道上的典範是能引領的僧團，
所以，別落入邪見和批評，我的摯友。
無論佛陀的弟子變得多麼地不完美，
一百個凡夫也不能和他相提並論，
所以，要永遠承事和敬重他們。
我的摯友！

不知何人修持高妙故，如盲妄動於暗，我摯友，
不知密行隱士居何處。摯友，故於一切生敬畏！
因為你不知道哪些眾生在修行上是崇高的，
不要如盲人般在黑暗中抓取，我的摯友。
因為你不知道隱藏的瑜伽士住在哪裡，
你應該敬畏一切。
我的摯友！

微細善行能生大利故，莫輕簡單行持，我摯友。

無論何人僅聞佛名號，乃舉隻手致意於我佛，
教云皆種圓滿正覺因。摯友，慎莫錯解有情眾！
微小的善行會產生巨大的利益，
所以，不要蔑視簡單的行動，我的摯友。
不論是誰，僅僅只是聽聞佛陀的名字，
或舉起一隻手表示敬意，
據說都能種下正等正覺的種子。
所以，永遠別錯解。
我的摯友！

當面未曾認持上師尊，反在遠方呼求時晚矣，
上師在時不修其竅訣，事後修皆徒勞，我摯友。
今生若不成就勝妙法，摯友，來世欲成難上難！
如果我們未當面承認上師，
而後遠遠向他祈禱，那為時已晚。
當我們擁有上師，但不禪修他的竅訣時，
事後再作徒勞之想已無意義，我的摯友。
如果你今生不成就聖法，
在未來世將困難重重。
我的摯友！

凱吙！三界一切無明眾，流轉輪迴無常魔牙間，
嗚呼哀哉渾然不知也！誰知明朝今夜死將至？
然無人憂反洋洋自得，眾生自欺欺人誠可憐！
噢！三界中所有無明的眾生，

流轉在輪迴中，無常魔女的獠牙之間，
嗚呼哀哉！他們卻渾然不知。
明天或今夜，誰知道死亡會何時到來？
但是仍然沒有人為此擔憂，
依舊漫不經心、洋洋自得。
噢！眾生這自欺欺人的方式是多麼地可憐啊！

誰知明日來世誰先到？若不謹記上師之竅訣，
摯友，皆僅自欺欺人也！
你的明天或來世，
誰知道哪個會先到？
如果你不能將上師的竅訣銘記於心，
你就只會自欺欺人。
我的摯友！

故轉覺知向內觀自心，擔當具義之事，我摯友，
速速修此超越之教法。摯友，莫追未來修勝法！
將注意力轉向內，審視自己，
擔當起有意義的事情，你們這些被我稱為「摯友」的人。
快、快！修持這超越之法，別憧憬未來，
立刻修持無上之法。
我的摯友！

【二】

佛法之門即是出離心，丹確桑嫫與我具業緣，
勸請再次諦聽，我摯友！
佛法之門即是出離心，
如此有業緣的丹確桑嫫，
請再聽一遍。
我的摯友！

尊貴佛陀龍欽饒絳言：佛法總攝即修三勝法。
前行、正行、結行即三勝，此即法道真實之命力，
是故修持之法如下說。
尊貴的佛陀龍欽饒絳說：
「諸佛的一切法教都濃縮在
三勝法實修的竅訣中。」
三勝法即是前行、正行和結行，
是這條道上真正的生命力。
因此，修持方法如下。

有此竅訣成佛已足矣，無則難以成就正等覺，
如是無疑成佛之種子。
如果有這些的話，就足以成佛，
如果缺少它們的話，就無法獲得正等正覺。
它們無疑是成佛的種子。

**清淨無上珍貴菩提心，應於心中無作而生起，
若無菩提心則難成佛，是故前行應生菩提心。**

清淨、無上珍貴的菩提心，

無所造作，應該在你心中生起，

沒有這點，就無法成佛。

因此，首先生起利他菩提心的殊勝前行是重要的。

**娑婆眾生皆曾為父母，父母慈愛予我身、命、財，
並且教我世間之真理。**

宇宙間的一切眾生，

沒有哪一個不曾是你的父母，

他們的慈悲造就了我們的身體，

賦予了生命和物質財富，

並向我們展現了世間的真理。

**然有情眾只知求安樂，如無引路嚮導之盲人。
為令難忍輪迴苦惱眾，成就真實寂靜正等覺，
為利他故且能成自利，應發無上心以成正覺。**

儘管他們只渴望幸福，

但如無引路之友的盲人。

為了令在難忍輪迴中受苦的一切眾生，

成就永恆的寂靜──無上的正等正覺，

以利他為目標，又可兼顧二利的兩個方面，[6]

---
[6] 這是指證得圓滿佛果的智慧，以及對一切眾生的慈悲。

你應該生起無上心,發願證得正等正覺。

**此菩提心圓滿如意寶,即是廣大甚深法之基,
亦即顯經密續之心髓。**
此菩提心是圓滿具足的如意寶,
這是一切廣大甚深法教的基礎,
這是所有經典密續之道的核心。

**二諦本質其一即世俗,即是一切修持之主旨,
亦是無上方便法之王,無此則他方便難證覺,
若無方便智慧怎成道?**
二諦本質的一個面向
是世俗層面,是所有修持的主題,
所有無上方便法之王。
沒有這點,就無其他方便能證得佛果。
如果你缺乏方便或智慧,
如何能夠成道?

**二大無上道中之首要,首先禮讚善巧方便道,
入道準備即發菩提心,菩提心具無量之利益,
遍知彌陀如是論善財。**
兩條無上道中,第一條,
善巧方便之道受到讚揚。
為道上作準備,發菩提心:
「這有無量的利益」,遍知的彌勒菩薩對善財童子(藏Norzang)如是說。

菩提心如月力除黑暗，菩提心如日遍照一切，
菩提心免輪迴之怖畏，菩提心除四魔之障礙，
菩提心消五毒之熱惱，菩提心常精進如駿馬，
菩提心是忍辱之鎧甲。

菩提心如消除黑暗的月亮，
菩提心如普照一切的太陽，
菩提心能保護免於輪迴的恐怖，
菩提心能驅除四魔羅[7]的障礙，
菩提心能消除五毒[8]的熱惱，
菩提心如精進的駿馬，
菩提心是忍辱的堅固鎧甲。

菩提心能止善德之衰敗，菩提心能成禪定之所依，
菩提心能生殊勝之寂止，菩提心能生無上之智慧。

菩提心摒棄一切道德衰敗，
菩提心是成就禪定的所依，
菩提心能生起殊勝的寂止，
菩提心讓無上的智慧於心中生起。

菩提心圓滿福德資糧，菩提心引發空性見地，
菩提心顯方便之月升，修菩提心洞察之日出。

菩提心圓滿福德資糧；

---

7 「四魔羅」是指天子魔、死魔、煩惱魔和五蘊魔。
8 「五毒」是指五種煩惱：貪、瞋、癡、慢、嫉。

菩提心引發空性見地。
當菩提心現前時，善巧方便之月就會升起；
若你禪修菩提心，透徹洞察之日就會顯現。

修菩提心明覺圓滿現，菩提心故利他無勤生，
菩提心故十地功德成。初地菩薩世俗之功德，
以及一百十二種神通，乃至無量無邊難譬喻，
慧眼天眼以及神變等，三十二相八十隨形好，
我佛善逝無量金身等，如是福德所生眾功德，
悉皆源自無上菩提心。
若你禪修菩提心，清新的覺知會完全地展現；
藉由菩提心，利他也會無勤地生起；
透過菩提心，十地菩薩的功德得以圓滿。
所有初地菩薩的
世俗功德和一百一十二種神通，
直到無量無邊、不可言喻的慧眼、天眼、神變等等，
以及三十二相八十隨形好，
無量的善逝金色身等，
所有這些由福德資糧而生的證悟功德，
都源自至高無上的菩提心。

菩提心能降伏我執魔，菩提心能解脫輪迴苦，
菩提心能乾涸痛苦海，菩提心能平等苦與樂。
菩提心降伏我執魔，
菩提心解脫輪迴毒，

菩提心蒸發痛苦海，
菩提心平等苦與樂。

菩提心具大勇如護衛，
菩提心猶如劫末之火，
菩提心如奇樹之妙果，
菩提心開利他之寶門。
菩提心如勇敢的護衛，
菩提心似劫末的大火，
菩提心如奇樹的妙果，
菩提心打開利他的寶藏之門。

若無甚深殊勝菩提心，大力拉姆住山十二年，
因執著故憤而鬥怨敵；塘巴比丘虛空自在飛，
以氣禦心故能啟戰端，二過皆失無上菩提心。
缺乏如此甚深、殊勝的菩提心，
就如具大力的拉姆（Ram），在森林裡居住了十二年，
卻因執著的刺激驅使，而與敵人開戰。
或如塘巴比丘（Thangpa）雖然可以在天空自由飛翔，
但通過「以氣禦心」，而發動了戰爭。
兩者都錯在不具備無上的菩提心。

梵天縱得無欲大樂後，亦墮無間地獄焚如薪，
因陀羅王縱得舉世敬，亦因業力而墮入凡間，
無菩提心王座亦過患。

梵天本人即便在獲得無欲的大樂之後,
也會成為無間地獄熾然的薪柴。
因陀羅(梵Indra)儘管受全世間的人敬仰,
也將因業力而墮落凡間。
缺乏菩提心這座王者之峰,即是過患。

世間多因高位榮耀者,譬如國王將軍與元首,
最終自毀亦復毀他人,錯在菩提心根已腐朽。
在這個世界上,許多人因崇高的地位而榮耀,
如偉大的國王、將軍、首相和總統,
最後卻毀了自己,也毀了他人,
錯誤就在於菩提心的根早已腐爛。

無量聲聞緣覺諸天王,具足二百五十清淨戒,
雖具三學殊勝戒定慧,若無佛法之根菩提心,
僅自解脫定於大寂靜。
無數的聲聞、緣覺及其他諸天王,
具足二百五十條清淨戒。
但雖然有著三學(修持、經驗和體證)[9]的美化,
若無一切佛法根本的菩提心,
有時,他們只解脫了自己,仍處於大寂靜中。

---

9 「三學」指戒學、定學、慧學,是八正道的三個支分。

佛陀法教廣大支分中，菩提心是精髓之所在，
菩提心除惡道之傷害，菩提心啟無上解脫道。

在佛陀法教的所有廣大支分中，
菩提心是其精髓所在，
菩提心遣除惡道的傷害，
菩提心開啟了無上的解脫之道。

瑜伽修士若具菩提心，縱使不具身語之功德，
亦能永不偏離解脫道，五明確吉旺波如是說。

「如果瑜伽士擁有菩提心，
即便他無法在身、語上成就任何功德，
他也不會偏離解脫道。」
掌握了五明的確吉旺波（Chökyi Wangpo）[10]如是說。

五逆重罪一切惡業等，無上菩提心前皆披靡，
微罪細過無不盡消除，智者寂天菩薩如是說。

「五逆罪等，一切重大惡業，
將被無上菩提心所戰勝，
所有微小的罪業也將被消除。」[11]
印度的大班智達寂天菩薩如是說。

---

10 確吉旺波（Chökyi Wangpo）即是《普賢上師言教》的作者巴楚仁波切。
[11] 如石法師譯，《入菩薩行論》第一品〈菩提心利益〉：「以是善行恆微弱，罪惡力大極難堪，捨此圓滿菩提心，何有餘善能勝彼？」

凡能持守無上菩提心，能觀生處如入妙花園，
無畏成敗貧賤惡道苦，彌勒《莊嚴經論》如是說。
「凡是恪守無上菩提心的人，
他們觀自生處如入宜人的花園，
無論成功抑或貧窮，
惡道之苦都不會令他們恐懼。」[12]
彌勒菩薩在《大乘莊嚴經論》（Mahāyāna-sūtrālamkāra）中如是說。

簡言無上珍貴菩提心，一切三世諸佛之心髓，
若無難成正等正覺佛，顯經密續竅訣之根本。
簡而言之，無上珍貴的菩提心
是三世諸佛的心髓。
因為沒有它就無法成就正等正覺，
它是經典、密續和竅訣之道的真實根本。

發菩提心殊勝此前行，往昔千萬聖者同聲讚，
切莫視作智性學問觀，再再思惟合一，我摯友！
發菩提心這一殊勝的前行
為過去百千萬聖者同聲讚頌。
它不該只是成為智性知識，
而應該被一次次地思惟，
並與你的生命相結合。

---

[12] 無著菩薩造，波羅頗蜜多羅譯，《大乘莊嚴經論》卷二〈發心品第十〉：「觀法如知幻，觀生如入苑，若成若不成，惑苦皆無怖。」（《大正藏》第31冊，頁597a）

我的摯友!

**無散無散請修菩提心!無謬無謬請修菩提心!
莫錯莫錯請修菩提心!**
勿散亂、勿散亂——修習菩提心;
別錯解、別錯解——修習菩提心;
莫犯錯、莫犯錯——修習菩提心。

**若菩提心根基不穩固,生圓次第甚深精要訣,
以及其他修持難圓滿,法道起點即發菩提心。**
若菩提心的基礎不牢固,
生圓次第的極甚深精要竅訣,
以及其他修持,將難以圓滿。
因此,前行中的發菩提心是此法道的起點。

【三】

**請君持續諦聽,我摯友!第二勝法正行無所緣,
大印大圓中觀甚深見,無則一切修持無實質,
如水中影如盲無嚮導。**
請繼續聆聽,我的摯友!
第二勝法是無所緣(無分別概念)的正行,
大手印、大圓滿和大中觀的甚深見地。
若無這點,所有的修持都無本質,僅如同倒影,
據說就如盲人無有嚮導。

方便道之輔翼即智慧，此無上道空性勝義諦，
任誰若不努力精勤修，方便智慧僅一難飛翔，
是故無緣正行極重要。

方便的補充面向是智慧；
這無上的道路是空性的修持——勝義諦。
無論是誰如果不努力修持這點，
他又怎能僅憑方便與智慧這對翅膀中的一隻而飛翔呢？
因此，卓越的無所緣正行是重要的。

斬斷「基」之概念大中觀，〔直指〕「道」之竅訣大手印，
究竟之「果」即是大圓滿。丹確桑嫫與我具緣者，
以下即諸修持實修法。

所有關於「基」的概念都被大中觀所斬斷；
「道」的竅訣是大手印；
究竟的「果」是大圓滿。
與我有業緣的女士丹確桑嫫，
以下是修習這些修持的方法。

莫如蝶舞空而依竅訣，請依《大鵬金翅鳥翱翔》，
以無上「見」立斷一切障。

別像蝴蝶般在空中飛舞，
而是通過竅訣——《大鵬金翅鳥翱翔》，
以至高無上的見地，立斷所有限制。

非僅愚者不懈之努力，依竅訣《法性輪迴三要》，

以無上「修」見真實本性。
不僅僅是愚人堅持不懈的努力,
而是通過竅訣——《法性輪迴三要》,
以穩定無上的禪修,而見到真實的本性。

莫事徒勞無益之愚行,請依竅訣《大平等一味》,
以無上「行」味輪涅平等。
別只是透過徒勞無益的愚蠢行動,
而是通過竅訣——《大平等一味》,
以至高無上的行持〔,親嚐〕平等輪涅的法味。

切莫熒熒如螢火蟲光,請依竅訣《無遮之日月》,
認證本覺即是無上「果」。
別如螢火蟲之光,
而是通過竅訣——《無遮之日月》
清晰認出內在的覺知,這至高無上的「果」。

請君持續冉聽,我摯友!
請再繼續聆聽,我的摯友!

三世諸佛勝者之心髓,無上密續《大密空行藏》,
至淨之光「十七光明續」,心要精髓《百一九竅訣》,
一切心要之中無上要,智美沃瑟《竅訣寶藏論》:
三世諸佛勝者的心髓,
《大密空行藏》(*Great Secret Dakins' Treasure*)的最密續,

「十七光明密續」（Seventeen Tantras of Luminosity）的最純淨之光，
《一百一十九竅訣》（One Hundred Nineteen Pith-instructions）的核心精髓，
所有要點中最重要的要點，
是圓滿佛智美沃瑟[13]的《竅訣寶藏論》（Treasury of Aural Lineage Pith-Instructions）：

即是「擊碎無明殼」竅訣；即是「斬斷迷惑網」竅訣；
即是「虛空平等性」竅訣；即是「摧破二元堡」竅訣；
即是「區分輪涅」之竅訣；即是「任運示本覺」竅訣；
即是「提煉百要點」竅訣；即是「保任覺受法」竅訣；
即是「知一全解」之竅訣；即是「區分婆羅門輪迴王座」；
即是「任顯即解脫」之竅訣。

「擊碎無明之殼」的竅訣；
「斬斷迷惑之網」的竅訣；
「如虛空平等性」的竅訣；
「摧毀二元棚屋」的竅訣；
「展現輪涅區別」的竅訣；
「任運展示本覺」竅的訣；
「提煉一百要點」的竅訣；
「闡明保任禪修體驗的方法」的竅訣；
「揭顯知一全解」的竅訣；
「區分婆羅門輪迴王座」；
「實際顯現的即是任運解脫」的竅訣等。

---

13 「智美沃瑟」即龍欽饒絳尊者。

如是竅訣莫視為理論，應以《椎擊三要》之要義，
穿破無始無明迷妄心。

這些不應該僅僅是理論層面，
相反地，要用《椎擊三要》的要義，
刺穿持續無明的迷妄之心。

請君持續諦聽，我摯友！
請繼續聆聽，我的摯友！

莫作莫作莫修整自心，操控修整將使心受擾，
造作之心將令實相遮。
莫造作，莫造作！別改變你的心，
採用操控和修改，
心會被干擾，
這種造作的心境
會遮蔽事物的核心。

心之本來面目離修整，赤裸直觀本性無造作，
保任禪運離造作修整。
心本身是一個人真實、本來的面貌，它離於修整。
赤裸直觀這內在本性，不作改變，
保任禪修的流暢，
離於造作的修整。

輪涅之中含攝一切法，一是圓滿二亦是圓滿，

一切在此心中皆圓滿，保任本具心性大圓滿。
一是解脫二亦是解脫，各自於其原處皆解脫，
保任本然解脫大圓滿。
萬法都包含在輪迴與涅槃的無限中，
一個是圓滿，兩個也是圓滿，
在心中一切都圓滿——
保任在本具的心性中，即大圓滿。
一個是解脫，兩個也是解脫，
在它們各自的地方都是解脫——
保任在本然的解脫狀態中，即大圓滿。

無散無執無修離智性，保任離智性中大圓滿。
無我無生離邊離言詮，保任離言自性大圓滿。
無散亂、無執著、無禪修，超越智性——
保任在超越智性的狀態中，即大圓滿。
無我、無生、離四邊、不可說——
保任在妙不可言的自性中，即大圓滿。

本初現本然生任圓滿，保任大圓任運平等中；
平等真平等淨皆平等，保任於大圓滿平等中。
本初現前，本然發生，一切任運圓滿——
保任在大圓滿的任運平等中。
平等真實、平等清淨，一切都是平等的——
保任在大圓滿的平等中。

遍滿寬廣法界大虛空，保任大圓之境如虛空。
離諸變動繫縛與牽引，保任於無造作大任運。
遍滿一切，寬廣法界，廣大虛空——
保任在大圓滿的狀態中，如虛空般廣大。
擺脫變化的牢籠、變化的媒介和任何的變化，
保任在無造作的大任運狀態中。

保任無作見自生本尊，保任無修成自然佛果，
於本覺智非存廣境中，保任自生普賢王如來。
保任無造作，你會親見自生本尊。
保任無禪修，你將成就自然本具的佛果。
在本覺智無有存在的廣界中，
保任在自生之普賢王如來的狀態中。

淨如虛空勝義菩提心，本初顯現本覺智之日，
本顯自生普賢王如來，設若以為恆常實非常，
以為非存則亦非非存，無別、一如、虛空之心性，
心若愚稚則以為錯謬。
勝義菩提心清淨如虛空，
本覺智之日本初顯現，
本初現前的自生普賢王如來。
你可能認為它是永恆的，非也；
你可能以為它不實存，非也；
兩者皆是、兩者皆非，亦非也。
這無分別的、一如的、如虛空般的心性，

愚稚的心態會懷疑自己是否犯了錯誤。

本然清淨勝妙法身義，若以智性作觀察尋覓，
直至劫末亦難覓蹤跡。欲結虛空無知愚稚眾，
噫唏無明之人誠堪憐！總之言詮再多有何義？
本來清淨，關於勝妙法身的含義，
以智性過程來分析它，
哪怕我們尋找，
直至劫末，也找不到它。
無知、愚稚的人們，試圖在虛空中打結，
哦！多麼可憐，這些無明的人！
簡而言之，做這麼多闡述有什麼意義呢？

有所緣處即有毒「見」地，有固著處即有險「修」路，
有迎拒處即有過患「行」，心有欲求即有受挫「果」，
何不保任無修離貪執。
哪裡有參照點，哪裡就有有毒的見地，
哪裡有固著，據說哪裡就有潛藏危險的禪修之路。
如果有迎取和拒斥，那就會有過失的行為，
心中有目標，結果就會受到阻礙，
只是保任在無散的狀態中，遠離貪著和執取。

無論所緣境何、修者何，無論禪修所用之法何，
如是一切皆離法界中，本初現前智慧心廣境，
即普賢王如來之無為。

無論禪修的所緣境是什麼，無論是誰在禪修，
無論用什麼方法，無論我們如何禪修等等，
在法界中超越這一切，
本初現前的智慧心廣界，
普賢王如來的無為。

不執二元之見且無修，則臻超離智性不二境。
無論是誰，不執取禪修的二元見，
並且無修，
就能到達超越智性的不二境界。

法性一隅筆墨亦難詮，縱令雄辯大論亦難悟，
本清淨本一味大平等，普賢王本初無為虛空。
法性甚至無法透過著書立說來得到部分展現，
即便長篇大論，也難以領悟：
同質的清淨，本初的同一，大平等味，
普賢王如來本初無為的存在虛空。

自在休息無垠廣境中，莫依百千艱難之法道，
智美沃瑟普賢王智日，如是必自心中燦然升，
故應百煉為一，我摯友！
在無限的廣界中自在休息，
別依靠成百上千的艱難之路。
然後，智美沃瑟普賢王如來的智慧心日，
就必定會在你心中升起，

所以，精煉數百個要點為一個。
我的摯友！

法身本自恆常不變異，若欲追尋法性之極限，
則如盲鳥追尋虛空邊，亦如無眼盲者摸大象。
法身是永恆不變的。
就如盲鳥找尋天空的極限，
或又如盲人摸象，
人永遠找不到這單純法性的極限。

勝義無勤不必太勤作，放下造作修整九行持，
保任廣大本然本初流，莫依各種造作之道途，
此生即可證得圓滿佛，此即無有造作究竟果。
是故智美沃瑟及其他，十萬持明皆曾如是說，
故請銘記於心，我摯友！
「勝義」是無勤的，不必太過努力，
放棄造作修持的九種行為[14]，
保任在廣大、本然的本初之流中。
別依賴各種造作的道途，
你可以此生證得佛果，
這究竟、無造作、究竟之「果」。
因此，智美沃瑟和其他人，
以及十萬成就持明者都說過，

---

14 「九種行為」是指身、語、意的善、惡、無記行為；換言之，就是所有行為。

所以，請銘記這點。
我的摯友！

凱吙！眼若已開莫墮崖，莫捨王位而冀求其他，
莫離大象而尋象足跡，莫失核心而徒留外殼。
嘿！如果你睜著雙眼，就不要跳下懸崖！
別放棄王位，而去期待別處的某件事物！
別離開大象，而去尋找牠的腳印！
別丟棄了內核，卻保留了外殼！

猶如區分黃金與黃銅，修則俗心、本覺明朗分，
本覺即是無上滿願寶，此即心要建言，我摯友！
類似於能辨別黃金和黃銅的特殊品質，
當你應用這項修持時，〔概念的〕心與本覺的差異就會昭然若揭。
本覺——至高無上的滿願寶，
是關於心的最精要建言。
我的摯友！

【四】

結行即是迴向此勝法。
結行即是迴向功德這一勝法。

以此所成一切之功德，自他眾生三時諸福德，
有相無相三輪諸福德，猶如諸佛菩薩之迴向，

迴向量等虛空眾有情，迅速證得無上正等覺，
清淨迴向封印此福德。
以在此成就的任何功德為例，
並集聚自己和一切眾生於
三時所累積的一切福德，
即有相三輪和無相之三輪清淨[15]的福德。
就如諸佛菩薩圓滿迴向其功德那般，
猶如虛空無期待、無限量地給予一切眾生，
迅速證得無上正等正覺，
以清淨迴向的殊勝祈願來封印此福德。

如此諸緣不壞福德根，輾轉增長乃至證菩提，
此唯佛說〔外道〕他師無，廣受讚譽顯經密續中，
《華嚴經》與《般若十萬頌》，《佛說迴向輪經》均得見。
一切諸佛教法無一遺，三勝法之修持皆含攝：
前行殊勝發心菩提心，正行殊勝無所緣禪修，
結行迴向所積之功德。
如此一來，福德之根就不會被諸因緣所破壞，
而是成倍地增長，直至正等正覺。
這種殊勝的徵相，是其他〔外道〕上師[16]所沒有的，
在經典、密續和論典中廣受讚頌，
如《華嚴經》、《般若波羅蜜多十萬頌》，

---

15 「無相之三輪清淨」是指關於「主體」、「客體」和「行為」三者〔不執為實〕的圓滿不二。
16 「其他上師」是指佛陀以外的〔外道〕老師。

《佛說迴向輪經》（*Sutra of the Cycle of Perfect Dedication*）等等。
一切諸佛的無限法教，無一例外，
都凝結在這三勝法的修持中：
菩提心的殊勝發心為前行，
殊勝的無所緣禪修為正行，
迴向功德為結行。

尊貴佛陀龍欽饒絳巴，於「殊勝道」竅訣如是說：
菩提心前行、無緣正行，以及迴向結行皆應用，
即是解脫道三無價寶。《如意寶藏論》中如是說。
尊貴的佛陀龍欽饒絳的
「殊勝道」竅訣中說：
「發菩提心的前行，
無所緣的正行，
迴向的結行，全部徹底地應用，
這些即是解脫道上前行的三個無價之寶。」
《如意寶藏論》（*The Treasury of the Wish-Fulfilling Jewel*）如是說。

「基」時此即二諦之本質，「道」時圓滿福智二資糧，
「果」時成就法身、色身等，此即諸佛教法之精髓。
在「基」時，這些是二諦的本質，
在「道」上，圓滿福德和智慧二資糧，
在「果」時，成就法身和色身等等。
它們是一切諸佛法教的核心精髓。

無須增益亦無須減損，三無價寶法道之心命，
故請憶持於心，摯愛者！

多則不必，少則不足，
這三個無價之寶是法道上的心與命。
因此，請將它們放在你心上。親愛的人！

如是竅訣更勝靈丹藥，深心慈愛所書此建言，
供養我伴侶丹確桑嫫，願此吉祥化作心甘露！

此竅訣，更勝心靈丹藥，
由衷心的愛寫成的真誠建言，
獻給我心中的伴侶——丹確桑嫫。
願它吉祥，化為心之甘露！

此言唱於樂土多荷冬，自生普賢王如來林中，
廣褒無垠藍天小屋下，人犬劣僧蔣揚多傑書。

這是在大樂之地——多荷冬——所唱，
在自生普賢王如來的森林中，
在完全寬廣的藍天小屋下，
由人中之犬、犬中之人、
壞僧人[17]、衣衫襤褸的蔣揚多傑所供養。

以此願法性義入心流，願成得證智慧法身因，

---

[17] 紐修堪布仁波切原是位比丘，因病承蒙上師觀察因緣後而還俗娶妻。請參見本書〈證悟的遊方行者〉，頁21-37。

此外從今直至證菩提,莫如無德無明世俗眾,
行如豬狗爭鬥濁市中,無盡掙扎痛苦重擔下。
以融諸樂密乘之法道,秘密速道守護得自在。
憑藉這些福德,你的心流入法性的意義,
願此成為證得法身智慧心的「因」。
此外,從現在直至證悟,
別像那些無德、無明的世俗之人,
行為如豬狗,在蒙昧的城市裡爭鬥撕咬,
在痛苦的重擔下,還不斷地掙扎。
通過將所有的快樂融入密咒乘法教的法道,
在秘密之道的迅捷保護下,心得自在。

願能受用金剛之歌舞,體證四喜空樂智方便,
得證覺知本身之大樂,願身、財及三時所積德,
恆成正等正覺之修持。
願我們享受金剛歌舞,
圓滿體驗四喜空樂之智慧的技巧,
證得覺知本身的大樂,
也願我們的身體、財產和所有三時累積的福德,
持續能成就正等正覺的修持。

此願非僅文字與言詮,乃我深心所出之祈願,
願得諸佛菩薩之加持!
願這心願不僅僅只是言語,
我衷心地祈願,

得諸佛菩薩的加持！

**今於西方大法蘭西國，書此建言供養我愛妻
丹確桑嫫及其他法友。
願善增長！**
所以，現在，從偉大的西方法蘭西王國，
這是給我心愛的妻子丹確桑嫫和其他人的建言：
願善增長！

◉此金剛歌作於1986年，是堪布仁波切給妻子丹確桑嫫的建言。

第十一章
精髓義

偈頌中譯／黃靖雅
白話語譯／拉姆耶喜德

虛空王薄伽梵我頂禮！
我頂禮虛空王薄伽梵！

凱吙！諦聽至交我摯友，聰慧博學殊勝太陽君。
噢！聽，我最好的摯友，
聰慧又博學的殊勝太陽。[1]

放下散亂蔓生諸妄想，如是勝義實相剎那觀，
今日前後上下十方等，外內中之三種感知等，
任顯皆如是勝義實相，本然表達皆創造顯現。
摒棄一切散亂，
以及所有眾多蔓延的無明，

---

[1] 「聰慧又博學的殊勝太陽」即指舒雅達喇嘛（Surya Das），「Surya Das」一詞意指「太陽神之僕」（Servant of the Sun）。

刹那間看著勝義的實相，如其所是。
今天、在前、在後等等，
在上、下、十方，
所有三種不同感知——外、內、中間，
無論它們如何顯現，
一切都是如其所是的勝義實相，
以及它的本然表達，
無一不是創造性的戲現。

向內直觀自心之本質，猶如虛空無勤本然心，
如是本質本初即清淨。勝義離緣無勤之成就，
自明本具覺醒大明覺，超越限制無有來去住，
本然離戲離、心顯、靜住。
向內，觀照你的心性，
虛空般無勤的本然之心，
如其所是的本性，
從最初就是任運清淨。
勝義諦——超越透過依因緣而勤作的成就，
自明、本具覺醒的大明覺——自己的本覺，
超越所有的限制，
無有駐留，亦無來去，
本然狀態離於戲論、心理投射現和〔刻意〕專注。

皆是本然流動大任運，明覺離念離詮離譬喻，
佛心即是浩瀚之本質，自生普賢王之智慧心，

一切佛法究竟之境界，顯經密續傳承與竅訣，
萬千碩學悉達所讚歎，請依此為修行之心髓。

一切都是本然的流動，
內在的大任運，
明覺超越念頭、言詮和例證，
佛心——大廣界的本質，
自生普賢王如來的智慧心，
一切佛法的究極境界。
經典、密續、傳承和竅訣，
受千百萬過去多聞者和成就者的讚頌，
不止一次，而是一次次地讚頌。
我請你將此作為所有修持的核心。

若依如是意義之正修：修之始須渴切離輪迴，
修之基乃轉心四思惟，修之根即皈依與發心，
修之護是圓滿之迴向。顯經密續法道甚深要，
能令安抵修道之究竟，上述皆為根本莫丟失，
是故請記於心我心子！

關於這個意義上的正確禪修：
修持的起點是脫離輪迴的信念和渴望；
修持的「基」是「轉心四思惟」[2]；
修持的基礎是皈依和發菩提心；

---

2 「轉心四思惟」是思惟：（一）人身難得；（二）死亡無常；（三）因果業報；（四）輪迴過患。

修持的守護是圓滿清淨的迴向。
這些是所有經典和密續法道的甚深要點，
因為它們讓我們到達修持之道的究竟終點。
它們是根本，並且不應丟失，
因此，我的心子，我請你將其銘記於心！

若契本質一切攝其中，若無則諸學問與聽聞，
累劫所積無非疲累因。
如果人能深入本性，
這一切都包含在內，
否則所有的知識與聽聞，
儘管堅持數劫（梵kapla），也不過是讓人疲憊之因。

如是精簡心髓之教言，不如法徒蔣揚多傑說，
如心建言供養我摯友，請莫棄捨善持於心中。
這簡短的精髓開示，
由我——邪惡的不法之徒蔣揚多傑——所說，
我將這如自心般的建言供養給你——我最好的親愛摯友。
別摒棄它，要將它珍藏心中，

以此功德願君能受用，修持與此要義永不離！
此致通曉教內外經典，美國佛法行者舒雅達。
通過此福德，
願你的心享用修持，
不與這精髓義稍有分離！

這是給美國佛法修行者舒雅達的建言,
他精通佛教和非佛教的經典傳統。

吉奧(Géo)!
芒嘎朗(Mangalam)!

◉此金剛歌作於1983年,法國多荷冬。

第三部 歷史

「龍欽心髓」是遍知龍欽巴和吉美林巴尊者的心髓，是吉美林巴尊者的伏藏、空行母的清新氣息，是金剛薩埵的金剛捷徑。

每個伏藏本身都是完整的，修持某個特定的伏藏就能獲得究竟之「果」。
（紐修堪布蔣揚多傑仁波切給予金剛乘灌頂的正式法照。圖片提供：堪布索南督佳仁波切）

伏藏所提供的蓮花生大士的法教，適合不同時空中不同人的各種需求和本性。
（已故寧瑪派領袖和大圓滿上師——敦珠仁波切〔左〕和頂果欽哲仁波切〔右〕合影。法國多荷冬，1984年。圖片提供：馬修·李卡德）

第十二章
紐修堪布仁波切的大圓滿傳承

舒雅達喇嘛

在「殊勝經驗指引」的傳統中，
指導是來自於修行者與上師之間的個人互動，
每個人都能直接獲得金剛總持的真實法教。

大圓滿心髓近傳承

　　大圓滿的法教與修持，源自八世紀兩位無與倫比的印度密宗大師蓮花生大士和無垢友尊者，經博學多聞、卓有成就的西藏大師們的傑出傳承，以及透過淨相的啟示而流傳下來。在十四世紀，這些法教融入了遍知的龍欽巴尊者，他是寧瑪派的傑出智者。這一大圓滿傳統被稱為「早期大圓滿心髓（寧體）」（Earlier Dzogchen Nyingthig）。

　　持明吉美林巴尊者是龍欽巴的法嗣。在十八世紀時，他在對文殊友（梵Manjushrimitra；藏Jampel Shenyen）、蓮花生大士、無垢友和龍欽巴的淨相中，領受完整的大圓滿心髓的法教和傳承。在三次對龍欽巴清晰的淨相中，吉美林巴領受到與本初佛普賢王如來無二無別之上師的加持而證悟。

　　法主龍欽巴撰寫了兩百多部著作，其中一些至今仍流傳於世。古美林巴的闡釋著作，如《功德藏》，包含龍欽巴所有取之不盡的

教導和釋論，其中包括龍欽巴著名的「七寶藏」。從本質上而言，這些著作囊括了所有無量無邊的佛法。吉美林巴在五（或七）個黃色捲軸上領受到的伏藏，以及神秘的意傳，這些構成「龍欽心髓」（意即「廣界心髓」）傳承的基礎。這即是眾所周知的「大圓滿心髓近傳承」。

關於龍欽巴、吉美林巴，以及來自普賢王如來和極喜金剛（Garab Dorje，音「噶拉多傑」）大圓滿傳承的其他祖師，在許多其他書籍和法教中都有描述。本章簡要介紹的「龍欽心髓傳承」，是按照紐修堪布仁波切所領受和教導——從吉美林巴不間斷的加持相續中流傳的法教。這是遍知龍欽巴和吉美林巴的心髓，是「龍欽心髓」極為簡短和直接的特殊傳承，是吉美林巴的伏藏、空行母的清新氣息，也是金剛薩埵（藏Dorje Sempa，音「多傑桑巴」）的金剛捷徑。

首先，簡要介紹一下大圓滿的長傳承（藏ringyu）。這一傳承從法身佛普賢王如來，到報身佛金剛薩埵、化身佛極喜金剛、文殊友、師利星哈（Shri Simha）、智經（Jñanasutra）、無垢友和蓮花生大士，並包括無數追隨他們腳步的證悟上師。所有這一切都記錄在下面解釋的教言傳承（kahma lineage，教傳）的長傳承之中。關於這些根本傳承上師的名字，可參見紐修堪布仁波切的傳承祈請文——〈寶珠鏈光明密精義傳承祈請文〉（藏Osel sangwa nyingthig gi gyupai soldeb mutig trengwa）。

根據大圓滿心髓的長傳承，在八世紀印度班智達無垢友和龍欽巴之間，有十多位尊貴的根本傳承持有者，從龍欽巴到吉美林巴之間有十四位。這僅考慮了主要的傳承持有者，並未考慮其他陪伴他們的成就者們。因此，源自本初佛普賢王如來的大圓滿長傳承，從上師到弟子，從未間斷地相續至今。

法教的傳承方式

寧瑪派的法教主要通過兩個系統傳承——教言傳承和伏藏傳承（terma lineage，巖傳）。教言傳承是指幾個世紀以來，從上師與弟子的長傳承所傳遞下來的所有法教和口傳；伏藏傳承則指蓮花生大士和其他證悟者們，先前隱藏而後來重新被發現的簡短、直接的「近傳承」（藏nyegyu）。這些上師在淨相中，透過其無死的智慧身，直接將法教傳授給發現並取出這些法教的伏藏師。如此簡短、清新、直接、極具威力且甚深的口傳，即是吉美林巴掘取的伏藏「龍欽心髓」。吉美林巴的九卷著作中，有兩卷是意伏藏（藏gong ter，智慧心寶藏）。

吉美林巴說道，掘取伏藏有四個目的：

（一）使佛法不消失。
（二）使根本教誡不會在錯誤、破戒和誤解發生時被長期摻假。
（三）使加持不會消逝。
（四）使口傳的直接傳承得以維持。

伏藏所提供的蓮花生大士的法教，適合不同時空中不同人的各種需求和本性。

人只需要修持某個特定伏藏就能獲得法道的究竟之「果」，因為每個伏藏本身都是完整的。然而，為了保存和維護佛法的所有法教，我們必須接受教言傳承的教導。因為教言、伏藏的修持和傳遞一般是密不可分的。

大圓滿法一般分三個主要類別——心部（藏Sem De）、界部

（藏Long De）和竅訣部（藏Men Ngag Gi De），這三種分類是由極喜金剛的弟子文殊友所作。

二十一部主續構成心部的基礎；九部密續（分白、黑和花三種修法）構成了界部的基礎；竅訣部分為四個分部。第四分部無上深密分部（藏Gyu Rangshung）是最完整、最根本形式的根本密續和釋論密續的法本，這些是竅訣特殊祈禱文。

竅訣部的無上深密分部本身又被分為四部——外部、內部、密部和極密部。這四個分部是由文殊友的弟子師利星哈所制定。

藏語「Nyingthig」（音「寧體」）是「Nying Gi Thigle」的縮寫，意指「心髓」或「秘密精髓」，即大圓滿最精髓的竅訣。「Nyingthig」一詞僅與竅訣部有關，即大圓滿的竅訣部。此外，它通常特指那些竅訣最內在或甚深、秘密的核心，被稱為「極密」（藏Yangsang Lame）。因此，這些教法也被稱為「秘密心髓」（藏Sangwa Nyingthig）、「光明心髓」（藏Osel Nyingthig）或「竅訣心髓」（藏Men Ngag Nyingthig）。這些詞語中的每一個主要是指在竅訣部中「極密」分部獨特的心髓教法。

竅訣部的十七部主續構成了「極密」分部的基礎（根據無垢友尊者的傳承有十八續，根據蓮花生大士的傳承有十九部，這些密續大多數相同，只有細微的差別。兩位上師都是從師利星哈處領受此法教）。這些密續收錄在三十六卷寧瑪密續中，稱為《寧瑪十萬續》（藏Nyingma Gyubum），由十三位至尊林巴（藏lingpa，伏藏師）中最偉大的惹那林巴（Ratna Lingpa）所編撰。

若無具格上師的解釋，凡夫很難理解密續。龍欽巴的「七寶藏」即是為了闡述大圓滿十七部主續，以及所有九乘法教的殊勝甚深法義而撰寫。為了根據這些密續實修大圓滿法，龍欽巴收集了自

己的伏藏，以及傑尊森給旺秋（Chetsün Sengé Wangchuk，後轉世為蔣揚欽哲旺波）和貝瑪拉德雷澤（Pema Ladrey Tsel，龍欽巴的前世）的伏藏，形成了十三卷本的「四部心髓」（藏Nyingthig Yabshi）[1]。這四部是龍欽巴著作的實修部分，也是寧瑪派心髓（Old Nyingthig）的基礎。在其中，他綜合了無垢友尊者的《無垢心髓》（藏 *Vima Nyingthig*）和蓮花生大士的《空行心髓》（藏 *Khandro Nyingthig*），並根據自己的體證解釋了所有的實修細節。

龍欽巴的「七寶藏」中闡釋的所有密續法教的濃縮精髓，都包含在吉美林巴富有詩意的《功德藏》中。「四部心髓」中所包含的修持以易於實修的形式凝結在吉美林巴的四部「心髓根本經函」（藏Nyingthig Tsapö）中，其中包括著名的《智慧上師導論品》（藏 *Triyig Yeshe Lama*，略稱《智慧上師》）。「心髓根本經函」的核心教法，是「龍欽心髓」殊勝的大圓滿「頓超」修持的基礎。

這些稀有難得的甚深法教，精準地闡釋了直接證悟大圓滿（頂乘）秘密法教的各種核心方法，也是迅速證悟心的勝義自性，以虹光身成佛的直接方法。在現代，「龍欽心髓」就是位於所有這些大圓滿法和竅訣核心的主要修持。

吉美林巴尊者

吉美林巴被稱為「遍知持明」，他以兩年的時間持誦密咒和祈

---

[1] 龍欽巴尊者為《無垢心髓》和《空行心髓》作注釋與補充，注釋《無垢心髓》而成《上師心要》（藏 *Bla-ma yang-tig*），注釋《空行心髓》而成《空行心要》（藏 *Mkha'-'gro yang-tig*），又綜合兩種心髓而有《甚深心要》（藏 *Zab-mo yang-tig*）。此二根本續與二釋論合稱「四部心髓」。

請，然後從圖秋澤喇嘛（Thugchog Tsel）處領受到《解脫明點・密意自解脫》（藏*Drolthig Gongpa Rangdrol*）的大圓滿法教。隨後吉美林巴前往桑耶青浦附近的一個山洞多年，在那裡他不斷地向法主龍欽巴祈請。

在吉美林巴的第二次三年閉關期間，他經歷了三次龍欽巴的光明淨相。在第一次中，他受到龍欽巴智慧身的加持，第二次是智慧語的加持，第三次是智慧意的加持。他的心與龍欽巴的心融為一體、無二無別，並且在那一刻，他圓滿無誤地了知了所有的經典和密續。

這個故事的相關細節，可以在有關他的整卷書中找到。有一整卷書是關於他的記載，他的修持和法教依然是我們今天心髓傳承的主要靈感來源。（吉美林巴的傳記可見於史蒂芬・古德曼〔Steven D. Goodman〕所撰的〈持明吉美林巴和龍欽心髓〉（Rig-'dzin 'Jigs-med gling-pa and the kLong Chen sNying-Thig，暫譯），此文收錄於《藏傳佛教：比量與聖言量》〔*Tibetan Budhism: Reason and Revelation*，暫譯〕，由史蒂芬・古德曼和羅納德・戴維森〔Ronald M. Davidson〕編輯。）

為了迅速獲得證悟，我們需要上師的加持，這就是所謂的「加持傳承」（藏chinlab kyi gyud）。吉美林巴從生活在三個世紀以前的龍欽巴處獲得這種不可思議的密意傳授，就是這如潮水般不斷湧動之啟發的一個實例。在這些經歷之後，吉美林巴的著作就與龍欽巴的不相上下，儘管吉美林巴本人幾乎從未研習過經典和釋論。

我們也可以閱讀饒絳烏金確扎（Rabjam Orgyen Chodrak）的故事，他是吉美林巴心髓上師師利納塔（Shri Natha）（饒絳烏金巴貢〔Rabjam Orgyen Palgon〕或巴貢喇嘛〔Palgon〕）的上師。遺憾的是，這兩位傳承大師皆無現存的修行傳記。

吉美林巴尊者的弟子

　　正如預言所示，吉美林巴有四位主要的證悟弟子，即所謂的「四吉美」或「無畏者」。他們是吉美嘉威紐固、吉美欽列沃瑟（Jigme Thrinley Ozer，第一世多竹千〔Dodrup Chen〕仁波切）、吉美恩措丹增（Jigme Ngotsel Tenzin）和吉美康卓南嘉（Jigme Kundrol Namgyal）。後兩位弟子的傳承並未廣傳，如今已與「龍欽心髓」兩大傳承難以區別，故以嘉威紐固和第一世多竹千的直接法嗣為代表。

　　嘉威紐固的著名弟子巴楚仁波切有四名主要弟子，每一位都成為他某一項專長（般若波羅蜜、律與論、因明與辯經、大圓滿）的法嗣。巴楚仁波切的傑出弟子紐修龍多滇貝尼瑪是大圓滿法嗣，正是他的傳承法教成了噶陀寺的心髓修持傳統；紐修堪布仁波切所遵循的正是噶陀傳統。據說十萬噶陀瑜伽士通過修持這一特定的法道，獲得了圓滿證悟的虹光身。

　　紐修寺位於東藏的德格，由紐修龍多的噶陀追隨者建造，紐修龍多佛法的繼承者堪布阿旺巴桑成為該寺的第一任住持。這位證悟極高的堪布培養和教育了紐修龍多的祖古——謝珠滇貝尼瑪，後來接替他成為紐修寺的住持。雖然現任紐修堪布將揚多傑曾師從堪布阿旺巴桑，但是謝珠滇貝尼瑪才是紐修堪布的根本上師。

　　巴楚仁波切的弟子紐修龍多有五位傑出的弟子，兩位是伏藏師，三位是卓有成就的大圓滿堪布。其中最傑出的是前述的堪布阿旺巴桑（又名「堪布雅噶」），他是龍欽巴和無垢友的化身。他的作品集共有十卷，他的祖古目前還健在西藏。

　　堪布雅噶是夏札桑吉多傑仁波切（Jatral Sangye Dorje, 1913-2015）的根本上師。雅噶是阿宗竹巴（Azom Drukpa）的卓越弟子，阿宗竹

巴是蔣揚欽哲旺波（著名的第一世欽哲）的證悟弟子之一，亦是紐修龍多滇貝尼瑪的佛法繼承者。欽哲旺波本人曾從吉美嘉威紐固以及多竹千傳承的弟子處領受過「龍欽心髓」的法教，因此在這些卓絕的上師身上，兩大法脈融合在一起。

列饒林巴（Lerab Lingpa）是五大弟子中第一個來到紐修龍多身邊的弟子，並照顧了他多年。當時有位主要的噶陀堪布，被列饒林巴在大圓滿見、修、行上的極大篤定所深深折服。列饒林巴告訴他，這是在未進行詳盡智識聽聞的情況下而達成，他透過獨特的窮訣傳承（紐修龍多和巴楚仁波切殊勝的窮訣）而達到證悟之後，也成為紐修龍多上師虔敬的弟子。當列饒林巴成為觀音尊者（第十三世）的大圓滿上師，而夏札桑吉多傑仁波切則教導繼任觀音尊者的熱振攝政（Reting Regent）時，這一殊勝的傳承因此更加聲名遠播。

「龍欽心髓」的傳承如下：

- 無垢友和蓮花生大士（八世紀）
- 龍欽巴（1307-1363）
- 吉美林巴（1729-1791）
- 吉美嘉威紐固（1765-1843）
- 巴楚仁波切（1808-1887）
- 紐修龍多滇貝尼瑪（1829-1901）
- 堪布阿旺巴桑（1879-1941）
- 紐修龍多祖古謝珠滇貝尼瑪（1920- ?）
- 紐修堪布蔣揚多傑（1926-）[2]

---

[2] 本書英文版於1995年出版，紐修堪布仁波切於1999年圓寂。

紐修龍多滇貝尼瑪認為心髓的「殊勝經驗指引」法教如此寶貴，以至於他讓地位崇高的博學喇嘛，包括蔣揚洛德旺波（Jamyang Loter Wangpo）、堪布丹培（Tenphel）及其他的大堪布們，等待了很長的時間，並承諾按照次第地實修，然後才根據「殊勝經驗指引」的方式向他們傳授吉美林巴的《智慧上師》，並基於每位修行者的修行體驗提供個人的教導和引領。

　　後來，頂果欽哲仁波切主要上師之一的洛德旺波，將這些法教傳授給蔣揚欽哲確吉羅卓（Jamyang Khyentse Chokyi Lodro）和頂果欽哲仁波切，這點便注明在《智慧上師》的法本空白處（紐修堪布仁波切曾見過）。洛德旺波的經驗是通過第三「頓超」淨相——明智如量（藏 rigpai tesbcb）[3]而進展。

吉美嘉威紐固

　　吉美嘉威紐固是吉美林巴的傑出弟子，他成為巴楚仁波切的根本上師。他過去常常從吉美林巴處領受法教，在僻靜處閉關修行數月，然後再回到其證悟上師處獲得進一步的指導。

　　有一次，吉美嘉威紐固在澤仁迥（Tsenrong）的某個山洞裡禪修大圓滿，一修就是兩、三年。儘管經歷了很多身體上的艱苦，但他依然滿懷喜悅地不斷精進修持。某天下午的禪修結束後，他走出山洞，凝視著湛藍的天空，空中漂浮著一朵巨大的白雲。他感覺到上師吉美林巴和所有的傳承上師都在那朵雲裡，他虔敬地向他們祈請，然後就失去了意識。

---

[3]「頓超」四相分別是：（一）法性現前；（二）證悟增長；（三）明智如量；（四）法性遍盡。

當他恢復知覺的那一刻,他的心與上師的心融為一體,他認出了本覺的本然狀態。這是由於他毫不猶豫地虔敬祈請、傳承的加持,以及向來密集精進的修持,因而證悟到心與一切事物的勝義自性。獲得證悟需要這三個修行的因素——虔敬心、加持和明覺修持,僅靠聽聞和分析並無法實現這一目標。

就在那一刻,嘉威紐固的心與上師的心(即法身)合一無別,他證悟了法性的密意(藏chonyi kyi gong)——究竟法界(梵dharmadhātu)的證悟或佛心,這就是禪定(藏nyamshak)。他的智慧力量由於座下修而得到極大的進展,無須他人教授,就能任運地理解佛法的所有義理。

當嘉威紐固證悟後,他決定從禪修的山洞下山,去拜見上師。他一直以最苦行的方式住在山洞裡,做為無名的瑜伽士,他並無功德主護持或助手幫忙,也無任何補給或與他人連繫,只是一個默默無聞、極為普通的山間隱士。後來,吉美林巴為他取名「吉美嘉威紐固」,即「無畏如來芽」(意指諸勝者〔諸佛〕的無畏之子),以此作為對他成就的認可。但彼時的他仍默默無聞,孤身一人,決定留在山上閉關禪修,直到覺醒或在此努力中死去。他後來達到證悟,從而實現了自己的誓言。

當他決定下山時,他的身體狀況非常糟糕,走到半途就倒下了。他想:「我已經獲得成就,但現在我還無法利益眾生,只能孤零零地死在這荒山野嶺,不過沒關係。」然後,他全心全意地向吉美林巴祈請,希望能夠實現他人和自己的目標以及祈願。

最後,兩個頭髮上長著羽毛的兇猛野人出現,為他帶來了一些玉米和肉。他們給予他食物,幾天後他便恢復了體力。然後他繼續前進,直到抵達一些可以棲身的村莊。當他最終見到吉美林巴時,

上師告訴他,那是嚓日(Tsari)神山當地的兩位護法——辛炯(藏Shingkyong)[4]和其明妃的化身,他們是瑪哈嘎拉護法的部分眷眾,化身為兩個野人來保護他,並給他食物。

吉美林巴告訴嘉威紐固,他已經達到「立斷」的「覺性直定」(藏chonyi zaysar,與頓超的「法性遍盡」〔chonyi zaysar〕不同),即「立斷」的究竟層次——了悟本覺的真實本性。之後,吉美林巴為他賜名「吉美嘉威紐固」。根據吉美林巴所得到的授記,他將有四位偉大的弟子,皆以「吉美」為名。

吉美嘉威紐固來自於康區。他多年前離開家鄉,在拉薩和嚓日一帶多年修行和接受法教。在嘉威紐固證得大覺醒之後,吉美林巴指示他返回康區,在札瑪礱(Tramolung)的山上禪修,這座山的形狀如同銅色吉祥山(藏Zangdok Palri),並說他將利益無量眾生。嘉威紐固根據上師的指示,前往了札瑪礱。

他很久之前便離開康區,無人認出他,也無人知道他。他肩上背著行囊,獨自一人來到德格北部的札瑪礱山。那裡完全不宜居住,人畜罕見,植被稀疏。牧民們夏天在那裡放牧,但一年中的其餘時間都住在更北邊、海拔更低的地方。

當他抵達時,牧民們正要離開。他既無補給,也無住所,但遵循上師的命令,住進了一個偶然發現的山洞裡。生活條件極端艱苦,但他決定寧願死在那裡,也不可辜負遍知上師的期望。所以,就這樣地堅持了下來,大部分時間在禪修,並以任何可吃的青草和灌木為食。

幾個月後,一群騎馬的旅人經過。其中有位身著白衣、騎著白

---

[4] 辛炯(藏Shingkyong)是守衛神山的護地神。

馬的男子叫住嘉威紐固，並說道：「你在這裡做什麼？你應該按照上師的預言，住到『那裡』去！」他指著某個寒冷、荒涼、吹著大風的更高山坡處，那裡看來沒有任何遮蔽處或野生動物。

嘉威紐固知道這是護法在警告他，他立刻搬移到那個地方。他在那裡一住就是二十一年，期間名聲遠播，弟子雲集。後來，巴楚仁波切斥責弟子們說，吉美嘉威紐固已經待了二十一年，而他們連在那裡禪修幾年都做不到。

紐修堪布仁波切說他本人從未到訪過那個聖地，因為距離他的住處過於遙遠，但是頂果欽哲仁波切則曾到訪，並提及那裡完全不宜居住。紐修堪布仁波切說，嘉威紐固、巴楚仁波切和紐修龍多都未建造寺院或累積任何東西，只是以最了無牽掛的方式讓事物來來去去，依止的只是最內在的佛法精神，別無其他。

嘉威紐固在該處駐留之初，尚未成名時，曾因所經歷的艱苦處境而差點喪命。當自以為快要死亡時，他想起護法曾經出現拯救他，於是他再次虔誠地向上師吉美林巴祈請。

突然，一位年輕的女子出現在那片完全荒蕪的土地上，手裡端著一罐自製的酸奶。她問他在那裡做什麼，他說自己正在禪修。她說：「你沒有食物，怎麼禪修呢？」

嘉威紐固對此事心存疑慮，並不想接受供養的食物。他認為這可能是魔羅的詭計，企圖欺騙和障礙他，他再次強烈地向吉美林巴祈請。天空完全晴朗、湛藍，但吉美林巴突然出現在一片白雲中，並說道：「如果瑜伽士未毀壞三昧耶的根本，神鬼就會一直提供給養。」然後他就消失了。

如此一來，嘉威紐固的疑慮消除了。他認出這個女孩是護法金剛玉燈女（Dorje Yudronma）。接受乳酪後，他恢復了體力，可以繼

續禪修好幾個月。

最後，牧民們帶著牛群回來了。其中一人從後面看見了嘉威紐固的頭，就在那片空曠、貧瘠的土地上。他不知道這是人還是魔，不敢靠近。這個牧民去到最近的村莊並講述他的所見。村裡有人問他：「那個頭依然還在或消失了？」

當他說頭還在時，他的朋友告訴他：「那一定是個人。」那個牧民又返回來，遠遠地喊道：「你是誰？你在做什麼？」

嘉威紐固回答說：「稍微禪修一會兒。」就這樣他變成了遠近聞名的獨居瑜伽士。

當牧民從村莊回來時，他們向嘉威紐固供養了食物，以及一條用犛牛毛編織的厚毯，他用這條毯子搭了一個簡陋的棚子。他一直以來都住在窪地或地洞裡，但現在他用些許木棍撐起毯子改成小棚子。

當牧民們問他為什麼要在這裡時，他說上師指示他應該在這裡禪修，如此就能利益許多眾生，他於是依教奉行。隨著數十年如一日的祈請和禪修，他的名聲逐漸遠傳。在他有生之年，數以百計的瑜伽士圍繞著他，聚集在那座山上的帳篷和披屋裡。

嘉威紐固是一位具有非凡內證和修行功德的上師。在他數千名弟子中，最主要者即是巴楚仁波切和蔣揚欽哲旺波，其大圓滿竅訣的修持傳承廣為流傳。通過這兩位偉大的弟子及其追隨者，這個傳承至今仍生生不息。以此方式，他利益了世上無量的眾生，我們無法估量他在其他存在地不可思議的佛行事業。

當那些修行者禪修大圓滿時，他們唯一的目標和興趣就是證悟心的勝義自性並達到正等正覺。他們並無其他目標且無其他工作需要完成，也無太多的念頭、想法和計畫。吉美嘉威紐固對自己

說：「我將要證悟心性。即使我死了，我也要做這件事而不做其他事。」他不像世俗之人那般有很多事情要做。對於如嘉威紐固般的修行者而言，這非常簡單。他們只會想：「我要留在這裡，修行直至證悟。」

從世俗的角度來看，這似乎很不尋常，也很難理解——一個人在大風直吹的山上獨自坐著禪修，沒有食物，只能吃草，這看起來太不可思議了。例如，密勒日巴在山洞裡禪修了八年，雖然他出身於一個殷實的家庭，但他的身體卻被破壞而呈藍綠色，且憔悴不堪。

西藏人常說：「要好好工作，否則你的下場就會像密勒日巴一樣。」但是對密勒日巴而言，這是他唯一覺得有意義和感興趣的事情。有一次，密勒日巴在路上遇到幾個漂亮的年輕女子，她們被他可怕的外表嚇壞了，發願永遠不要投生成這樣的狀態。密勒日巴說：「即使你們願意，也無法如此。」

這就是關於吉美嘉威紐固以及他如何獲得證悟的故事。當然，還有許多其他的故事。巴楚仁波切在其著名的上師口述大圓滿竅訣集《椎擊三要》（藏 *Tsiksum Nedek*）一書的開篇偈頌中讚美其上師：

見如無量廣大界——龍欽饒絳，
修如智悲之光芒——欽哲沃瑟（Khyentse Ozer，即吉美林巴），
佛行事業如菩薩。
吉美嘉威紐固，我向您祈請。[5]

---

[5] 巴楚仁波切造，《智者師利嘉波殊勝法》（《椎擊三要》根本頌）：「見乃無量廣大界，修乃智悲之光芒，行乃如來之苗芽。」（出處：噶千仁波切著，張昆晟、楊書婷譯，《椎擊三要——噶千仁波切大圓滿頓悟法》，新北市：眾生文化，2017年，頁15）

巴楚仁波切

　　巴楚仁波切是吉美嘉威紐固的主要弟子,也是「觀音成就者」巴吉桑丹仁波切(Palgyi Samten)的第三次轉世;第二世在二十多歲時圓寂。據說在一次灌頂中,他以念珠碰觸了一位正在領受灌頂的女子,這一行為對於西藏比丘而言,被認為與觸碰屍體同樣糟糕。上師責備他說:「大家都看到了,現在你的名聲全毀了。」這位祖古回答:「這是業,我無法不這麼做。」

　　事件發生後不久,他就去世了。那個女子後來生了一個男嬰,即是那位祖古的轉世——巴楚仁波切,他是大慈大悲觀世音菩薩的人身化現。此外,據說他曾有一世是八世紀印度的班智達寂天菩薩(《入菩薩行論》的作者)。

　　巴楚仁波切的名字是領受自吉美林巴的弟子——第一世多竹千仁波切吉美欽列沃瑟,吉美欽列沃瑟認證他是巴吉祖古(Palgi Trulku,略稱為「巴楚」〔Patrul〕)。他在佐欽寺學習,變得博學多才。

　　巴楚仁波切大圓滿法和傳承的根本上師是吉美嘉威紐固,他從上師處領受全部的心髓法教、傳承和口傳竅訣。他也從很多上師處接受了無數的大圓滿法,其中包括第　世多竹千仁波切、賢遍泰耶(Shenphen Thaye)等人。他從吉美嘉威紐固處領受到大圓滿龍欽心髓的「殊勝經驗指引」。(這類似於頂果欽哲仁波切,他也從許多上師處領受無數的大圓滿和其他法教,並從雪謙嘉察仁波切〔Shechen Gyaltsab〕處領受到主要的大圓滿傳承。欽哲仁波切從蔣揚欽哲確吉羅卓處領受到這個特別的龍欽心髓「殊勝經驗指引」,現任的第四世多竹千仁波切也是如此。)

　　在接受上師的親自指導後,巴楚仁波切到山上禪修,然後不定時地回去接受進一步的指導。有時他連續數月修習「區分法」,有

時他只是單純地看著心性。關於巴楚仁波切的故事有很多，他在世時名聲顯赫，卻始終是最謙卑的上師。

有幾位國王都是巴楚仁波切的弟子，但他本人卻一無所有，總是獨居一隅，隱姓埋名。即使在他要講經說法處，人們會從四面八方趕來聽他講授，但他仍然經常步行前往那些地方，身處普通人之間，毫不引人注目。

有一次，他在旅途中遇到一個婦人，那婦人請求他幫忙抱著她的小兒子。就這樣同行幾週後，女人對他說：「你是個好人，我們相處愉快，和你在一起我感覺很好。像我這樣的寡婦需要一個丈夫，我們是否應該結婚？」他和藹地拒絕了，婦人根本不知道他是一位博學多才、成就圓滿的上師。後來，她驚訝地發現他坐在附近一座寺院的大喇嘛法座上，周圍環繞著許多人。

巴楚仁波切有次去見他的同修、大名鼎鼎的蔣揚欽哲旺波時，被廚房的侍從毫不客氣地攆走了。欽哲旺波得知此事後，派侍者去找尋巴楚仁波切，但毫無所獲。欽哲旺波本人在獨自徒步去拜訪當時的偉大上師學習時，也曾有過這樣的經歷。他在某次朝聖途中，露宿在一座寺院的院門附近，寺院的住持後來流著淚來找欽哲旺波，祈求他的寬恕。

有一次，巴楚仁波切在老塘（Laotang），這是個有許多鬼神居住的大墳場。這些鬼想要戲弄他，天上出現了不可思議的電閃、雷鳴，空中有很多聲響和神奇的幻相。巴楚仁波切透過向根本上師的祈請而戰勝了這一切，並證悟到事物本然如是的勝義自性。通過這種證悟，所有經典的廣博知識在其心中自然地展開。雖然他之前博學多聞，但此刻其智識和慧解卻變得無限廣闊；祈請和虔敬實在非常重要。大成就者多欽哲耶喜多傑仁波切（Do Khyentse Yeshe Dorje）

告訴巴楚仁波切：「正如釋迦牟尼佛在菩提樹下一剎那降伏四魔軍般，你亦是如此。」

巴楚仁波切的作品集有很多卷，但他的許多著作從未被收錄。他偶爾任運地寫下或唱出的詩頌，經常被送給朋友和追隨者，然後就如風中的落葉般消失了。他著有膾炙人口的《普賢上師言教》（藏*Kunzang Lamai Shelung*），以及很多其他甚深的著作。

紐修龍多滇貝尼瑪

紐修龍多滇貝尼瑪是巴楚仁波切最重要的弟子。二十五年來，他一直從上師處領受「殊勝經驗指引」，在接受個人指導之後，就經常前往山間和森林禪修。巴楚仁波切總是住在荒野中，身邊只有幾個親近的弟子，而紐修龍多大部分時間都在他身邊。

有一次，他們一起在山上禪修。巴楚仁波切問他的弟子是否證悟了心性，紐修龍多說尚未清楚地感知到它，他們繼續修持。某天晚上，他們生火並煮了些食物，上師再次問弟子是否證悟了心性，弟子再次否定。

紐修龍多一直在做一個重複出現的夢，夢裡他看到有個如山般人的黑線團，巴楚仁波切拉動線的末端將其解開，中間露出一尊金色的金剛薩埵像。提到這個夢境時，巴楚仁波切說：「我們現在就這麼做吧！」

那是一個夜晚，他們正在練習虛空瑜伽，仰臥在地上，凝視漆黑的星空。從山谷深處，他們可以聽到遠處佐欽寺的狗叫聲。巴楚仁波切問他：「你聽到狗叫聲嗎？」弟子說：「聽到了。」巴楚仁波切又問：「你看到天上的星星了嗎？」紐修龍多說：「是的，看見了。」

紐修龍多自言自語道：「是的，我能聽到狗叫聲，這是耳識。是的，我能看見星星，這是眼識。這都是本覺！」在那一刻，他意識到一切都蘊含在內，而不在外。本覺（本初佛心）就在內在，一切都是本覺的展現。

在那一瞬間，二元執著的結縛散落，徹底地被摧毀，他證悟到自心的本性。所有的疑慮從內在被斬斷，他感知到赤裸的本覺——空性的本然面目。這要歸於他禪修的力量（因為他非常努力地修持），結合上師的加持。他對上師有完全的信任和信心。

巴楚仁波切當時所提的問題，只是為了支持他傳法時的加持。問弟子是否看見和聽到並非智性的測試，也不是解釋佛法或其他類似的事情。這是一種親密的、不可思議的直接方式，將上師的加持傾注予弟子。以此方式，紐修龍多獲得了殊勝的證悟。

巴楚仁波切告訴紐修龍多，在他五十歲之前不要傳授大圓滿，之後便可以傳授給任何他想傳授的人。巴楚仁波切還預言，紐修龍多以後會遇到無垢友尊者的轉世，後者將成為傳承持有者。因此，紐修龍多就一直禪修到五十多歲，然後才開始傳法。

巴楚仁波切說，無垢友尊者每一百年化現一次，而他自己已無法得見，但紐修龍多則可見到。這指的就是阿旺巴桑（堪布雅噶），巴楚仁波切指示紐修龍多將全部的「殊勝經驗指引」傳承都傳給他。最後，紐修龍多有五位大弟子，兩位是伏藏師，三位是大堪布，其中堪布阿旺巴桑最為尊貴。

因此，巴楚仁波切將大圓滿心髓的「殊勝經驗指引」傳給了龍多滇貝尼瑪，而將他獨特的「解說式教導」（藏shetri）傳給烏金丹增諾布（Orgyen Tenzin Norbu）。實際上，巴楚有四位大弟子和法嗣，如前所述，他們每位都持有其一項專長。紐修龍多繼承了「大圓滿

殊勝經驗指引之口傳」（藏Dzogchen Men Ngag Nyongtri chenmo），即紐修堪布仁波切領受到的傳承。

當巴楚仁波切讓紐修龍多成為他的大圓滿法嗣時，他向弟子贈送了自己的龍欽巴「七寶藏」。這部藏書曾為巴楚仁波切和紐修龍多上師所使用，一直被紐修寺尊為珍寶，直到最近，紐修堪布仁波切本人也才有機會去那裡瞻視並頂禮它，幾十年來無人打開過它。

巴楚仁波切將「解說式教導」傳給烏金丹增諾布——眾所周知的「堪布丹噶」。這位上師隨後將其傳給噶陀寺的兩位大堪布——堪布賢噶（Shenga）和堪布永滇嘉措（Yonten Gyamtso，又名「永噶」〔Yon-ga〕），他們是烏金丹增諾布的弟子，並見過巴楚仁波切本人。堪布永噶是吉美林巴《功德藏》出色釋論的作者，堪布賢噶也為其寫過權威性的釋論。

在頂果欽哲仁波切家裡有一尊護法長壽佛母像，是由烏金丹增諾布裝藏並開光。堪布永噶是烏金丹增諾布的表弟，還為寂天菩薩的《入菩薩行論》撰寫了著名的釋論。所有這些多聞的堪布都是偉大的修行者，同時也是學者和活躍的老師。

堪布阿旺巴桑

堪布阿旺巴桑是紐修龍多滇貝尼瑪最偉大的弟子和法嗣。阿旺巴桑也被稱為「雅拉」（Ngala）或「雅噶」（Ngakga），他有個童年的暱稱「雅魯」（Ngalu）。當他還是個小男孩時，就穿獸皮和犛牛皮靴。

有一天，母親帶他到當時正在閉關的紐修龍多處接受加持。就在那一天，紐修龍多告訴他的侍者，如果有人來看他，就請他們進來。儘管按照慣例，那段時間通常是拒絕訪客的。當母子倆來看望

喇嘛並接受加持時,紐修龍多接待了他們。他給男孩取名「阿旺巴桑」,並送給他一杯供過的葡萄乾和一條紅色的長壽保護繩。他還囑咐這位母親要好好照顧孩子,保護他遠離不清淨的地方,並在以後帶他回來領受教導。

阿旺巴桑八歲時,他的母親再次帶他去見紐修龍多並接受加持。當十歲時,他成為這位偉大上師的侍者和弟子,陪伴紐修龍多四處遊歷,跟在他身後繞塔,無論走到哪裡都聆聽他傳授的任何法教,私下與他坐在一起,為他端茶送飯,並在業餘的時間裡修持前行和背誦經文。

在阿旺巴桑十三歲左右,有天正在修持獻曼達,這是前行中的一部分。紐修龍多給了他一幅龍欽巴的唐卡（藏thangka,西藏傳統繪畫）和一些甘露丸（rilbu pill,裝在小佛像中的舍利子）,以及一根吉美林巴的頭髮。上師指示他用這些助緣向龍欽巴祈請,他一定會得到極大的加持。

有一天,他在修持獻曼達的過程中見到了一個淨相:有一座海螺形狀的白色山峰,山頂上是一片平坦美麗的草地,開滿了鮮花。他還親見龍欽巴手持一顆心形水晶,散發著五色光芒。然後,龍欽巴給了他第四灌頂「本覺妙力灌頂」（藏rigpai tsel wang）,指引出本具智慧心的勝義自性——本覺。

那一刻,他理解了心性。但他仍然認為龍欽巴與他不同,他們是兩個人。他把這個淨相告訴上師龍多滇貝尼瑪,並說出自己所發現本覺的內在狀態。上師說:「那可能是法身,也可能是阿賴耶（梵ālaya;藏kun shi,所有心識的基礎）,我們稍後可以檢查一下這種微細的區別。」

紐修龍多告訴阿旺巴桑如何修習菩提心,他照做了很長時間。

隨後，上師對他進行了大圓滿法所有部分的訓練，從前行一直到「立斷」和「頓超」。

　　在第一次淨相中，他認出自心的根本本性。然後，在修持菩提心時，他體驗到一切實相的勝義自性。後來他繼續進行全部的修持，按照次第一直到「頓超」。他最初的體證還有些不完整，他仍有疑惑，需要釐清，所以他繼續完成修持的所有部分。這就是「殊勝經驗指引」的運作方式，其深層含意會根據每個修行者的個別體驗而日益深入和釐清。

　　只有在極罕見的情況下，體證和正等正覺才會同時發生。如噶拉多傑這樣的修行者，在藏語中被稱為「chik charpa」（音「吉洽巴」），意指「頓悟者」。一般而言，人會經歷一次覺醒、靈性體證，然後逐漸向圓滿佛果開展。

紐修龍多謝珠滇貝尼瑪

　　堪布阿旺巴桑的主要弟子是紐修堪布仁波切的根本上師——謝珠滇貝尼瑪。他是紐修龍多的祖古，也是紐修龍多的弟子之一、伏藏師耶喜丹增（Yesh Tenzin）的兒子。有一次，紐修龍多曾給予耶喜丹增預言，他說一切都在不斷變化中，有一天，紐修龍多會從其弟子堪布阿旺巴桑處得到加持。

　　當時，耶喜丹增並未了知上師的意思。但在上師圓寂之後，他有了個兒子，並且經歷了一個關於紐修龍多的清晰夢境，於是他記起了上師的預言，斷定自己的兒子可能就是上師的化身。因此，他把孩子帶到堪布阿旺巴桑面前，向他講述了預言和夢境。堪布阿旺巴桑證實了這一預言，並說他以前也做過一個關於四臂觀音的夢，而紐修龍多正是觀音菩薩的化身。因此，這位祖古得到了認證。

謝珠滇貝尼瑪跟隨著父親成長，並從父親處領受法教。九歲時，他尊貴的父親伏藏師耶喜丹增圓寂。圓寂後的第三天，男孩在一個淨相中見到父親穿著白衣，如瑜伽士般頭髮束起，為他指引了心性。在那一刻，他覺醒了，認出心的真實本性。

　　後來，謝珠滇貝尼瑪師從堪布阿旺巴桑，並按照「殊勝經驗指引」的傳統，領受了從前行直到「立斷」和「頓超」的所有法教，並開展了所有修行的體驗、淨相等等。當他清晰地證悟心性時，謝珠滇貝尼瑪將其父圓寂後不久的那次體驗告訴堪布阿旺巴桑，並討論他所體驗的心靈狀態。堪布阿旺巴桑說，這確實是真正的勝義自性，但是他依然需要經過所有修持來穩定自己的體證，使其不可動搖。

　　謝珠滇貝尼瑪看到上師堪布阿旺巴桑和遍知龍欽巴完全無二無別——他曾三次經驗到兩者無二無別的淨相，他還在淨相中親見吉美嘉威紐固、巴楚仁波切、德達林巴（Terdak Lingpa）等人。這些事件並未記錄在其修行傳記中，但是他親口告訴了紐修堪布仁波切。

　　這個從持明吉美林巴直接傳續下來的「殊勝經驗指引」傳承，如下圖所示。

紐修堪布蔣揚多傑

　　謝珠滇貝尼瑪將此傳承傳給了紐修堪布仁波切。紐修堪布出生在東藏的德格，他年幼時照料牲畜，很小就進入一間薩迦派寺院（他母親的家族是薩迦派），後來在紐修寺（屬於噶陀寺體系）成為謝珠滇貝尼瑪的弟子。紐修寺是德格的一座寺院，有數百名比丘和一所佛學院。

　　在他幼年時，就擔任上師的近侍（藏shabshu）三年，經歷許多

紐修堪布仁波切的大圓滿傳承圖

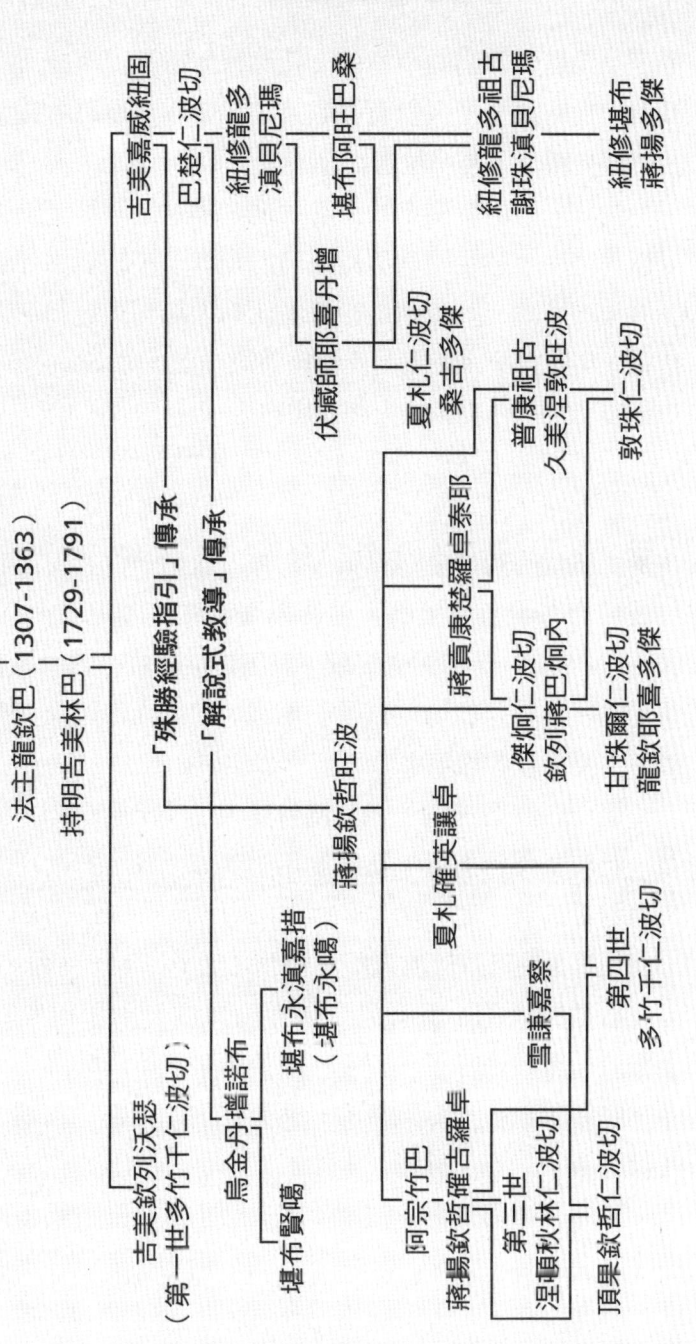

法身佛普賢王如來
蓮花生大士和無垢友（西元八世紀）
法主龍欽巴（1307-1363）
持明吉美林巴（1729-1791）

「殊勝經驗指引」傳承

- 吉美嘉威紐固
- 巴楚仁波切
- 紐修龍多
  - 堪布阿旺湃尼瑪
  - 伏藏師耶喜丹增
    - 夏札仁波切
    - 桑吉多傑
      - 蔣貢康楚羅卓泰耶
        - 蔣貢仁波切
        - 傑烱仁波切
        - 欽列蔣巴烱內
      - 甘珠爾仁波切
      - 龍欽耶敦珠旺波
        - 普康祖古
        - 久美涅敦珠旺波
        - 敦珠仁波切
    - 紐修龍多祖古
    - 謝珠湃尼瑪
      - 紐修堪布
      - 蔣揚多傑

「解說式教導」傳承

- 蔣揚欽哲旺波
  - 夏札雍英讓卓
  - 蔣揚哲哲羅卓
    - 阿宗竹巴
    - 烏金丹增諾布
      - 堪布永湞嘉措（堪布永噶）
      - 堪布賢噶
    - 吉美欽列沃瑟（第一世多竹千仁波切）
  - 雪謙嘉察
    - 第三世涅頓秋林仁波切
    - 第四世多竹千仁波切
    - 頂果欽哲仁波切

艱辛。他是個貧窮的小沙彌，托缽行乞時不得不多次趕走成群的大藏獒；他的腿上至今仍有傷疤為證。他非常貧窮，甚至在十二歲作加行獻曼達時，連一粒米都沒有。

最終，憑借著堅定的決心，他在學習上取得了優異的成績，變得極其博學，並在謝珠滇貝尼瑪的指導下，於紐修寺的佛學院完成了堪布的培訓，同時還進行了廣泛的大圓滿訓練和無數次閉關，包括有一年獨自一人在山洞裡修持脈氣瑜伽（藏tsalung yoga）。紐修堪布仁波切是當今少數的大圓滿堪布之一。

他是尊勝敦珠仁波切、頂果欽哲仁波切和甘珠爾仁波切（龍欽耶喜多傑〔Longchen Yeshe Dorje〕）的長期弟子，亦是夏札桑吉多傑仁波切的親密金剛兄弟，此外，也是一位利美上師。紐修堪布仁波切有二十五位上師，他從寧瑪派住持圖登貢卻列登（Thubten Gomchok Lekden）處領受誓戒，後者是從紐修寺的大堪布阿旺巴桑處領受的。堪布仁波切撰寫了一本書，記錄從佛陀及其弟子至今這一傳承主要持有者的生平。

堪布仁波切講述了一個關於其大手印上師蔣沛多傑仁波切的故事。蔣沛多傑曾進行了為期七年的度母閉關，在此期間，他完成了十萬遍〈二十一度母禮讚文〉（Twenty-one Praises of Tara）的念誦，每一偈頌都是婉轉優美的讚頌，總共念誦了二十一萬遍。

那位偉大的上師親見了所有度母的佛土和顯現的壇城。當他圓寂時，長長地呼了一口氣，說他準備去度母的佛土，然後就離開了。在呼出最後一口氣後的一個星期內，他都一直端坐在明光禪定（藏thugdam，音「圖當」）中。

堪布仁波切的另一位大手印上師扎西次仁喇嘛（Tashi Tsering）原本在薩迦寺，後來，他拋下一切，過著如嘉威紐固般的生活。他

在德格東部一座偏遠的山上修持大圓滿心髓,並成為通達「頓超」四相的偉大上師。他的遺體在荼毘後,骨灰中留下許多骨舍利,有金剛薩埵、喜金剛、度母和其他本尊的形象,並刻有咒語種子字。

堪布仁波切的薩迦派上師是堪千貢噶堅贊(Kunga Gyaltsen)。堪布仁波切從這位也是大圓滿的上師處領受「道次第」,以及相關的教導。據說,貢噶堅贊是從一個瘋子處獲得第四灌頂。這個瘋子整天從遠處的河裡把建築用的石頭搬到轉經房的圍牆上,大家都認為他瘋了。後來才知道他主要修持「汝申」(區分法),而且二十年來一直堅持不懈,這就解釋了他隨心所欲、不按常理出牌的行為。

貢噶堅贊看到這個貌似瘋子的人,本能地覺得他是個特別的人,於是他請這位瘋狂的瑜伽士檢查他的禪修情況。當喇嘛貢噶堅贊打坐禪修時,這個瘋子瑜伽士以一塊建築用的石頭擊打他的後背,直接為他指引出內在本覺的本性。然後,這個古怪的「汝申巴」就跑掉了。貢噶堅贊是一位擁有眾多上師和弟子的大堪布,因為這次邂逅——一次了不起的覺醒,他將這個瘋子視為主要根本上師之一,但自從那次之後,貢噶堅贊就再也沒見過他。

堪布仁波切的幾位根本上師至今仍健在西藏,其中一位是來自果洛(Golok)的堪布門色(Munsel),他現在已經快一百歲了。[6] 他在勞改營裡度過了二十年,在那裡秘密地給數百名囚犯傳授大圓滿,他們在沒有研習或外在成就法的支持下修持,並成就了大圓滿。在那個時期,進行宗教儀式是要被處死的。在監獄裡,堪布門色憑著記憶教授龍欽巴的《法界寶藏論》(藏Choying Dzo)和吉美林

---

[6] 堪布門色仁波切(Munsel, 1916-1993)是近代最偉大的大圓滿上師之一,為博學多聞、精通三藏的大堪布,也是精進修持、窮盡「頓超」四相的大圓滿瑜伽士。本書英文版於1995年出版,門色仁波切已於1993年圓寂。

巴的《智慧上師》。

堪布仁波切以精通龍欽巴的著作及其相關法教而聞名。他曾多次應邀在尊貴的法王噶瑪巴、尊勝敦珠仁波切、大司徒仁波切、白玉仁波切（Palyul）、貝瑪諾布等人的寺院和佛學院擔任堪布。他著有《大圓滿心髓史：持明傳承的生平故事》（*The History of the Dzogchen Nyingthig: the Life Stories of the Vidyadhara Lineage*，暫譯），以及其他著作和金剛歌。他在不丹、尼泊爾、印度和歐洲擁有眾多弟子。

當代大圓滿傳承

教言傳承

堪布阿旺巴桑和謝珠滇貝尼瑪都在修持前行時就理解了自心本性，但是他們仍然經歷了從「立斷」到「頓超」的所有修持。在這個殊勝的傳承中，有幾位上師是突然頓悟的，這種人被稱為「頓悟者」。

吉美嘉威紐固也將「殊勝經驗指引」傳授給蔣揚欽哲旺波，他在修持前行時就證悟了內在本性。據說他的大弟子阿宗竹巴也是如此，阿宗竹巴的弟子夏札確英讓卓（Jatral Choying Rangdrol），將此傳承給予第四世多竹千仁波切。尊勝的敦珠仁波切從他的上師普康祖古久美涅敦旺波（Phokang Tulku Gyurmed Ngedon Wangpo）處，領受大圓滿「殊勝經驗指引」的傳承，這位上師曾是敦珠仁波切前世敦珠林巴（Dudjom Lingpa）的首要弟子。普康祖古從蔣揚欽哲旺波處領受此一傳承，他還認識巴楚仁波切和蔣貢康楚羅卓泰耶。

尊勝的頂果欽哲從他的根本上師雪謙嘉察處領受到「殊勝經驗

指引」傳承。後者有許多弟子，欽哲仁波切幼年時就遇見過他。雪謙嘉察從蔣揚欽哲旺波處領受此殊勝的傳承。在這個傳承中，許多人有如「頓悟者」。在蔣揚欽哲旺波的修行傳記中，提及他在修持前行時達到證悟。

甘珠爾仁波切的根本上師傑炯仁波切（Jedrung）——欽列蔣巴炯內（Thrinley Jampa Jungnay），從蔣揚欽哲旺波和蔣貢康楚羅卓泰耶兩位仁波切處領受大圓滿心地教法（藏sem tri）。傑炯仁波切是類烏齊寺的首座喇嘛，類烏齊寺是康區的一座利美寺院，同時修持噶舉派和寧瑪派的傳統。儘管他也是一位偉大的伏藏師和大圓滿修行者，但他本人所屬的傳承主要是達隆噶舉（Taklung Kagyu）。傑炯仁波切將完整的教導都傳給甘珠爾仁波切——祖古貝瑪旺嘉（Pema Wangyal）已逝的父親。

夏札桑吉多傑仁波切是堪布阿旺巴桑的親傳弟子，也是堪布仁波切的上師謝珠滇貝尼瑪的師弟。堪布仁波切在幼年時候也遇到了堪布阿旺巴桑，儘管他主要是跟隨謝珠滇貝尼瑪學習。

已故的涅頓秋林仁波切（Neten Chokling）——烏金督佳仁波切（Orgyen Tobgyal）尊貴的父親（第三世秋吉德千林巴〔Chokgyur Dechen Lingpa〕），是第二世欽哲（蔣揚欽哲確吉羅卓）的弟子，而蔣揚欽哲確吉羅卓主要是阿宗竹巴的弟子。因此，這完整的傳承一直傳到他這裡，就如一根蠟燭被另一根蠟燭點燃一般。

這些是我們今天所擁有的大圓滿傳承，主要是「教言傳承」。

伏藏傳承

我們已經描述了「教言傳承」。此外還有「伏藏傳承」。在此，我們將簡要地介紹「伏藏」。

伏藏是被重新取出的佛法寶藏。有很多故事是關於甘珠爾仁波切直接從蓮花生大士處領受傳承教導，而後兩人的心就合一無別，以及關於他在淨相中親見無垢友、龍欽巴、吉美林巴等人的記載；敦珠仁波切也以相同的方式得到無數直接的傳承教導。伏藏傳承是從蓮花生大士到伏藏師之間無限的、直接的傳承教導。

　　因此，在這個伏藏傳承中，在蓮花生大士和自己之間就只有一個人，那就是我們的上師、偉大的伏藏師，這就是這種傳承教導在今天仍有著巨大威力和功效的原因。這種簡短、直接的伏藏法教就如同空行母溫暖、清新的氣息，其中的加持水分尚未蒸發。

　　一般而言，伏藏傳承分為三種。這三個傳承加上三個教言傳承，就包含了大圓滿的全部六大傳承[7]，所有教言傳承和伏藏傳承都包含在這六種裡。（所有這些在堪布永噶對吉美林巴《功德藏》的第十章釋論中都有清晰的解釋。）

　　伏藏通常分為兩種，一種是意伏藏，另一種是地伏藏（藏dzeter）。意伏藏是由發心的伏藏師從不可思議證悟的本覺廣界（智慧心）之中提取而出，然後這些伏藏會以與此上師和法教有緣者能理解的方式被教授和書寫下來。地伏藏通常是以物質的形式被發現，例如刻有空行文字（藏dayig，秘密象徵性的空行母文字）的黃色羊皮紙或捲軸、儀軌用品、聖物盒、珠寶等。為了利益眾生，它們可以呈現任何形式。

　　在所有情況下，全部不同種類的伏藏都是由蓮花生大士所隱

---

[7] 大圓滿的六大傳承分為「教言傳承」（長傳承或教傳）和「伏藏傳承」（近傳承或巖傳）兩類。教言傳承分為三種：（一）諸佛密意傳承；（二）持明表義傳承；（三）補特伽羅口耳傳承。伏藏傳承分為三種：（一）祈願灌頂傳承；（二）授記指示傳承；（三）空行付託傳承。

藏，以後如親密伙伴耶喜措嘉（Yeshe Tsogyal）、無垢友或毘盧遮那譯師（Vairotsana）等或其弟子的轉世，就可以繼續發現伏藏，以利益後代。祖古東杜仁波切（Tulku Thondup）曾就此主題撰寫了一本精彩的書——《西藏的隱藏教法》（*Hidden Teachings of Tibet: An Explanation of the Terma Tradition of Tibetan Buddhism*，暫譯）。

正如蓮花生大士自己所說：「除了狗的屍體，任何東西都可以作為伏藏被掘取出來。」這意味著伏藏是取之不盡的法教寶藏，能以任何形式出現，以滿足眾生的需求。伏藏的主題真是甚深廣大、不可思議。

有時，伏藏會由護法交給伏藏師，或在夢境和淨相中顯現。有時，伏藏師必須尋找因自己的業力注定要找到的伏藏。有時，伏藏師會發現或被給予一些伏藏的列表和地圖，這些都與他們要發掘的法教有關。有時，伏藏是由發現者如讀書般地被閱讀出來。通常，它們必須從所顯現的空行文字、單個神秘密碼或種子字中被破譯出來。有時，只有伏藏師本人能夠閱讀，或甚至只有他能看見伏藏，而其他時候則每個人都能看見。偶爾，在發現伏藏之前需要付出巨大努力，例如有一位伏藏師在試圖從懸崖峭壁上取出伏藏時，用壞了好幾把鑿子。其他人必須要進行大量金剛薈供（藏tsok），或尋找到合適的明妃，才能滿足發現佛法寶藏的所有吉祥緣起。

十七世紀時，德達林巴試圖收集和彙編當時存有的所有伏藏。然而，直到十九世紀蔣揚欽哲旺波和蔣貢康楚羅卓泰耶的時代，尚無一部完整的彙編。正因如此，這兩位偉大的利美上師兼伏藏師，匯集了名為《大寶伏藏》（藏*Rinchen Terdzo*）的偉大伏藏寶藏，其中包括大部分伏藏師所取出根本伏藏的全部精髓。因此，他們使得很多佛法寶藏免於失傳。現有超過六十三卷，包括一萬七千種灌頂、

每個伏藏本身都被認為是一個完整的系列，包括達至證悟所需的所有精髓法教。每個伏藏都包括前行、三根本、大圓滿等部分，儘管所有不同的部分並不總是由發現者本人全部取出、教授或書寫下來。根據不同因素，包括時間和環境，以及弟子是否請求傳授這些法教，有些伏藏可能會在隨後的轉世中才能完成。

如蔣揚欽哲旺波這般的大伏藏王，展現了重新發現的佛法寶藏的最全面形式，即著名的《伏藏七法》（藏Kabab Dun）。與他同時代的秋吉德千林巴（第一世秋林仁波切）也著有《伏藏七法》，但其形式遠不如蔣揚欽哲旺波的廣泛，後者所取出的伏藏和著作，以及他的生平，都令人驚歎不已。

寧瑪派教言傳承——包括蓮花生大士時代所修持，以及通過長期不間斷傳承從上師傳授給弟子的所有成就法，首先是由敏珠林寺的兩兄弟——德達林巴久美多傑（Terdak Lingpa Gyurme Dorje）和洛欽達摩室利（Lochen Dharma Shri）——所收集、編輯、出版而成。他們一位是大伏藏師，另一位是大譯師。他們在口耳傳承中增加了自己的伏藏和釋論，總共有四十二卷。尊貴的敦珠仁波切也做了同樣的事，有關敦珠仁波切數十卷著作的介紹，請參閱《The Nyingma School of Tibetan Buddhism: Its Fundamentals and History》[8]。

其他傑出的伏藏師包括咕嚕卻旺（Guru Chowang）、仁增果登（Rigden Goden）、貝瑪林巴（Pema Lingpa）、惹那林巴、桑傑林巴（Sangyay Lingpa）、多傑林巴（Dorje Lingpa）、娘尼瑪沃瑟（Nyangral Nyima Ozer）、嘉稱寧波（Jatshon Nyingpo）、德達林巴、龍薩寧波

---

[8] 中文版請參見敦珠甯波車著，釋明珠、劉銳之譯述，《西藏古代佛教史》，台北：密乘出版社，1984年。

（Longsel Ningpo）。據說有五位大伏藏王、一百位大伏藏師、一千位小伏藏師，但我們應該明白，伏藏師的實際數量不計其數，而伏藏的數量就如密續一般不可思議。我們可以在蔣貢康楚羅卓泰耶所著的《大寶伏藏》中閱讀〈諸成就伏藏師次第降世簡略傳記〉這部分，以瞭解更多伏藏師的情況，但是該書尚未翻譯。

尊勝敦珠仁波切的前世札通敦珠林巴（Trakthung Dudjom Lingpa），是上個世紀一位偉大的伏藏師，他展現出非凡的力量和非常忿怒的性格，是一位偉大的普巴（梵Vajra Kilaya；藏Phurba，普巴金剛）成就者。據說他幾乎是文盲，僱傭了十三位全職抄寫員將他取出的伏藏寫成文字；他就如古代的那些狂慧成就者。

預言

有一次，紐修龍多滇貝尼瑪的弟子堪布阿旺巴桑做了一個夢，夢中他看見在印度有一座大佛塔（梵stūpa；藏chorten）。這是阿育王建造的最大一座佛塔，裡面裝有佛陀的舍利。佛塔正從上到下遭到摧毀，一條大河要將一切都衝進西邊的大海，當佛塔落入河中時，就如從一塊大岩石崩落進水裡般，整個海洋都變成了紅色。就在此時，空中傳來一個聲音，說這座佛塔將利益生活在海洋裡的數百萬眾生。

阿旺巴桑向他的上師紐修龍多匯報了這個夢境，但是後者卻一語不發。後來，紐修龍多說當時正在東方修持的佛法，將在東方被毀滅，但會流傳到西方並利益許多眾生。夢中的聲音說，那些眾生將得到利益並「見到實相」，這被解釋為他們將見到或理解勝義諦。這並不必然意味著他們將全部證悟勝義諦，但是將因為領受到

這些法教並理解其真諦,而獲得極大的利益。

紐修堪布仁波切評論說,這個佛塔代表佛教法教的基礎,在東方它正在被破壞,但在西方將得到愈來愈多的傳播。當天空的聲音說,眾生將得到巨大利益並見到實相,這意味著一百萬眾生將證悟勝義諦,而且西方各地的眾生將從這些法教中獲得極大的利益,這些法教也將廣傳。

這是一個重要且有意義的預言,尤其是對紐修堪布仁波切自己殊勝的大圓滿傳承和法教而言。它來自心髓傳承的兩位重要人物——巴楚仁波切的傑出法嗣紐修龍多,以及後者的首要弟子堪布阿旺巴桑。如果我們真正去禪修大圓滿的真實含意,無疑將會獲得真正的證悟。

大圓滿修行

對於凡夫而言,成佛似乎非常遙遠。然而,對於大圓滿修行者而言,這並非那麼困難,佛教內、外的所有其他道途,都如頂乘大圓滿的前行。大圓滿包含了所有其他的方法和法教,並且其本身就是完整的,所有其他的法門皆於其中趣入圓滿,如江河匯入大海一般。其他法門的觀點難免相互衝突,而大圓滿則能解決所有的問題。

大圓滿是一條極短、迅捷、直接通往今生獲得正等正覺的道路,它無有任何艱難險阻,其他法道都如通向遠方房子的道路,而大圓滿則如就在那房子裡一般。持明傳承中如甘露般的口耳傳承,是所有可能的法教中最珍貴、最精煉的精華。它能讓我們如實地感知到事物的最微細層面,以及萬法如何顯現,使我們有可能迅速地完全證悟、圓滿覺醒、自由解脫。如果我們現在就修持它,將來一

定會給世界各地的西方人帶來巨大的利益。

所有的佛法和大圓滿，都有無量微妙、無上甚深的詳細解釋，但這一切都取決於禪修，這才是最本質的事。我們必須親身體驗這些法教，並將自己的體驗、理解或領悟呈現給一位證悟的上師——自己的善知識，才能得到上師的評定和建議。上師無法只是簡單地將證悟展示給你，但一位真正具德的大圓滿上師可以很容易地引導一位具格弟子，以「殊勝經驗指引」的方式獲得無上的成就，而無須經歷太多的艱辛，也無須詳盡的法教和智識的解釋及研學。所有的法教都將包括在那些不可或缺的個人竅訣中。因此，我們應該完全依賴這點。

龍欽巴提到大圓滿時說：

它與一切法教都圓滿一致，並且至高無上。

大圓滿修持的目的就是要清晰地確立一種見地，直接引領至證悟自心本性就是勝義自性。我們不能僅僅只滿足於對它的智識理解或認識，那不會讓我們解脫。我們必須對這一根本的本具自性發展出巨大、不可動搖的內在確信，各種的修持都是為了開展、增進和穩定這種確信的方便法。這一簡單卻甚深的修持，與「立斷」的修習有關，在巴楚仁波切的《椎擊三要》中有所解釋。

即便龍欽巴尊者或本初佛普賢王如來突然以虹光的奇妙淨相出現在我們面前，也比不上我們有祖古烏金和夏札桑吉多傑仁波切在面前，他們是活佛，就如蓮花生大士般能直接在我們耳邊講授大圓滿。這些偉大的上師們是無上鮮活傳承的持有者，體現了一切的本尊、上師和法教。

傳承與上師

　　有時，一個喇嘛可以擁有很多上師，領受無數的傳法，並不會有任何衝突，不一定只有一位根本上師。我們可以將所有老師都視為自己主要根本上師的顯現或化身，而根本上師實際上就是金剛總持的化身，在其他一些情況下，一位上師就已足夠。上師就如一面鏡子，我們需要看見自己的臉、自己的真實本性。所有的鏡子都只反射出在它們面前的東西。

　　因此，要完整描述和準確列舉所有個別傳承是不可能的。很多上師持有很多傳承，有大的或小的傳承。例如，蔣揚欽哲旺波為了收集所有的法教，匿名徒步十三年走遍西藏，他有一百二十五位上師。因此，他能夠以一種完全無宗派的方式保存和教導全部的傳承，並與蔣貢康楚、秋吉林巴一起在上個世紀的西藏東部，發起了利美復興運動。蔣揚欽哲旺波不會把事物混在一切，他根據每個特定的傳統來教授該傳統。修持並證悟了自己所領受的一切後，他就能根據不同弟子的願力和根基，準確無誤地教導和傳授所有佛法。

　　我們的上師、已故的尊勝頂果欽哲仁波切於1991年在不丹圓寂，他從康區雪謙寺的偉大上師雪謙嘉察處，領受主要的大圓滿法和傳承。頂果欽哲仁波切也從蔣揚欽哲確吉羅卓和堪布貝瑪洛瑟丹瓊（Pema Losel Tenkyong）處領受了許多詳細的重要傳承教導。雪謙冉江仁波切（Shechen Rabjam）轉世為他年幼的孫子冉江祖古（Rabjam Tulku）。蔣揚欽哲確吉羅卓仁波切是一位非常了不起的利美大師，當然也是伏藏師，同時也是蔣揚欽哲旺波的轉世、文殊菩薩的化身。他是尊貴的十四世觀音尊者的大圓滿老師，也是不丹王室的上師。願他早日乘願再來！

有人詢問紐修堪布仁波切有關其傳承的問題。他說自己沒有特殊的傳承，只是一般的大圓滿傳承，即上面概述的持明傳承。凡是努力修持佛法的人，都會如偉大的欽哲和康楚一般，獲得涅槃的大安樂，並成為傳承持有者。堪布仁波切的特殊傳承就是修持的傳承。

堪布仁波切說，幾乎所有傳承上師的傳記都有現存，其作者或是上師本人，或上師親近的弟子，但其中三位是明顯的例外：烏金饒絳確札（Orgyan Rabjam Chodrak）、饒絳烏金巴貢（吉美林巴的心髓上師，也是烏金饒絳確札的弟子）和紐修龍多滇貝尼瑪。

這些傳記來源多樣且分散，它們從未被彙編成單獨、全面的書面編年史。從吉美林巴開始直到今天都是口傳心授，儘管大部分都未被記錄下來，但還是很清楚的。在吉美林巴時期以前，某些細節已很難找到。堪布仁波切自撰的《持明傳承史》（*History of the Vidyadhara Lineage*，暫譯）在這方面作出了一點努力，但仍需要更多的研究。

敦珠仁波切著名的《入門法》（藏*Chosjung*）是關於寧瑪派重要歷史人物的一部主要編年史。（該書的英文版《*The Nyimgma School of Tibetan Buddhism*》是一本厚重且權威的巨著，由久美多傑（Gyurme Dorje）和馬修‧卡普斯坦（Matthew Kapstein）翻譯和編輯。[9]）德達林巴彙編並寫下這個傳承中從龍欽巴到他自己共十一位喇嘛的傳記，所以我們可以在他的著作中讀到一些關於他們的內容。

紐修堪布仁波切再三重申，佛法不屬於任何人，因為凡是真誠踏實、熱心修持的人，都能獲得證悟並成為釋迦牟尼王國的繼承人，登上普賢王如來的寶座。這並不意味著我們繼承了一個世俗地位或物質財富，而是說誰真正將法教銘記於心並如法修持，都會成

---

[9] 同上注。

為傳承持有者，從而利益一切眾生和自己。這是堪布仁波切想要鼓勵和勸告我們去做的事。所有這些法教、解說和故事的唯一目的都是去促進修持，而不僅僅是去餵養智性。

這些甚深的「龍欽心髓」法教並非一個人的法教，它們全都是金剛總持的法教。尤其是「殊勝經驗指引」的傳承，它不僅僅是吉美林巴、法主龍欽巴或蓮花生大士的法教，它是金剛總持的法教、金剛薩埵的金剛捷徑、普賢王如來的智慧心，依於每位證悟傳承上師自身的經驗和體證，為其弟子和後代量身打造，我們應該明白這一點。

在「殊勝經驗指引」的傳統中，指導是來自於修行者與上師之間的個人互動，根據在法道上獲得的禪修經驗，每個人都能直接獲得金剛總持的真實法教。這是它珍貴、強大、具加持力、直接有效的功德，能帶來不可思議的結果。讓我們充分善用它，自利利他。

附錄一
詞彙解釋

〔2劃〕

八吉祥（eight auspicious signs）：八種傳統的吉祥象徵——寶蓋、雙魚、寶瓶、蓮花、法螺、盤結、法幢、法輪。

〔3劃〕

大手印（梵Mahāmudrā）：它是指究竟實相本身——事物的本來面目，它也是一種傳承和法教傳統的名稱。

大成就者（梵mahāsiddha）：熟習瑜伽（與法性相應）者、開悟的聖者。

大圓滿（藏Dzogchen, Dzogpa Chenpo）：佛教的不二法教，通常被稱為「自上而下的見地」。梵語稱為「阿底瑜伽」（Ati Yoga），又稱「頂乘」（Peak Vehicle）。

三昧耶（tantrlc commitments；梵samaya）：與密續修持相關的戒律或誓言。

上師相應法（梵guru yoga）：金剛乘的修持法，利用虔敬心和啟發的加持力，與上師的展現方式相融合，從而證悟自己與佛性無二無別。

〔4劃〕

心（藏sem）：有限的、二元的、理性的心；尋思的、概念的心。

心地教法（藏 sem tri）：大圓滿中精髓的心性法教。

心續（梵 gyu）：我們自己的「生命存在之流」。

比丘（梵 bhikṣhu）：受具足戒的佛教僧人。

化身（梵 nirmāṇakāya；藏 tulku，音「祖古」）：佛陀在這世間的化身，如釋迦牟尼佛、觀音尊者或其他轉世喇嘛。

六波羅蜜（six perfections or paramitas）：菩薩成佛路上所圓滿的六種功德——布施、持戒、忍辱、精進、禪定和智慧，這些是證悟生活的六種原則。

《丹珠爾》（藏 Tangyur）：在西藏所編纂的印度大師們的權威釋論集。

〔5 劃〕

本初清淨（infinite primordial purity；藏 kadak）：大圓滿「立斷」認為一切事物從一開始就是本然圓滿和完整的，無須改進或轉變。

本覺（藏 rigpa）：本具的智慧或覺醒；清淨的存在；本初的存在狀態。

本覺妙力灌頂（藏 rigpai tsel wang）：第四灌頂。對本具智慧心（本覺）此勝義自性的引介。

本覺的本然狀態（藏 rigpai nelug）：本覺的本然、初始狀態；生命的真實存在模式。

《甘珠爾》（藏 Kangyur）：藏文大藏經，由經、論、律組成的佛教典籍。

甘露（梵 amṛita；藏 dudtsi）：靈丹妙藥或精純的甘露。

甘露丸（rilbu pill）：放置在小佛像裡的圓形小舍利，通常是黑色或紅色。

立斷（藏 trekchö，音「澈卻」）：意指「切斷」或「看穿」，大圓滿主要的

赤裸本覺的修持。不二大圓滿法與修持傳統中所謂的「秘密」修法。

〔6劃〕

地（梵bhūmi）：菩薩在完全覺醒成佛之路上要經歷的十個層次。

自生智（藏rangjung yeshe，音「讓炯耶喜」）：我們本性中任運、自生的本智或本覺。

色身（梵rupakāya）：佛的色身。以色身顯現的真諦或實相，而不僅僅是無相的明空或法身。

如來藏（梵tathāgatagarbha）：本具的佛性、菩提心的勝義面向，它是本覺——大圓滿體驗和證悟的核心。

成就者（梵siddha）：熟習者。請參見「大成就者」。

成就法（梵sāhanā）：或譯為「儀軌」，金剛乘修持裡正式的密續文本和禪修指引。

寺院（藏gompa）：字義為「獨處的地方」或「隱居地」。

伏藏（藏terma）：指蓮花生大士和其他證悟者先前隱藏、重新被發現的簡短而直接的近傳承法教。這些大師在淨相中，透過其無死的智慧身，直接將法教傳授給發現並取出這些法教的伏藏師。

〔7劃〕

劫（梵kapla）：一個世界體系成、住、壞的漫長時期。

佛土（buddha-field）：所謂的極樂世界，一些修行人可能會投生的地方，以便更快速地證得正等正覺。

佛塔（梵stūpa；藏chorten）：大鐘型的舍利塔，裡面供奉著證悟的佛教聖者

和聖人所加持的舍利。

利美（藏Rimé）：無宗派的修持傳承。十九世紀，由蔣貢康楚和蔣揚欽哲旺波兩位仁波切所倡導的運動，旨在保存和振興藏傳佛教不同教派的教義。

坐法（梵āsana）：一種修持的姿勢，有很多種類，雙腿跏趺坐就是一種坐法。

別解脫戒（pratimoksha vows）：個人解脫的誓言。這些是比丘、比丘尼或在家居士所遵守的各種戒律，用以實現個人的解脫。

〔8劃〕

林巴（藏lingpa）：伏藏師或寶藏大師。請參見「伏藏」。

空行文字（藏dayig）：秘密象徵性的空行母文字，經常出現在伏藏中。

空行母（梵ḍākinī）：神聖的女性能量，化身為女性密宗行者，她們被稱為「空行者」，就如白女巫、天使或本尊。空行母的展現方式是透過各種色相（或形式），引介空性的無限運動與舞蹈。「所有女性都是空行母，所有男性都是勇父」。

空性（梵śūnyatā）：大乘佛教的教義，一切事物的自性都是空性和開放的，缺乏本具、獨立的自性存在。

明光禪定（藏thugdam，音「圖當」）：通常是指在死亡後所持續的狀態。

金剛乘（梵Vajrayāna）：密續道；藏傳大乘佛教三乘法的第三種。

金剛歌（藏doha）：任運金剛歌、證悟之歌，由禪修上師所創作。其所在傳承可追溯至古印度的成就者們。

長傳承（藏ringyu）：大圓滿的長傳承。從本初佛普賢王如來，到金剛薩埵、極喜金剛、文殊友、師利星哈、智經、無垢友、蓮花生大士，也包括無數追隨他們腳步的證悟喇嘛。（請參見「教言傳承」、「近傳承」）

咒語（梵mantra）：具有力量或咒符的神聖話語，念誦咒語通常被用作禪修技巧。

念頭（藏namtok）：分別的、散亂的思惟，它是指二元心及其思索。

〔9劃〕

法（梵Dharma）：佛陀的法教；真諦、實相。佛法相當於佛教——佛陀的法教。

法身（梵dharmakāya）：佛陀的真實身。佛陀的勝義面向，顯現為無色的明空。

法性的密意（藏chonyi kyi gong）：究竟法界的證悟或佛心。

法嗣（Dharma heirs；藏chodak）：上師修行傳承和法教的繼承者。

律（梵vināya，音「毘奈耶」）：道德戒律和規則的準則，律藏（梵Vināya Piṭaka）是佛陀三藏法教的一部分。「經」是佛陀言論的記載；「論」（阿毘達磨）是系統化的佛教形而上學和心理學；「律」是僧人倫理行為和道德訓練的準則。

拙火（藏tummo）：神秘的熱瑜伽。利用呼吸、脈輪、內在的光和暖熱來加熱身體熔爐，並獲得證悟的方法。

前行（preliminary practices；藏ngondro）：基礎或前行修持。通常包括數十萬遍的身體大禮拜、皈依、發菩提心、祈願、持誦金剛薩埵百字明咒、獻曼達，以及修持上師相應法。它被當作密續修持的準備訓練。

〔10劃〕

修心（藏lojong）：大乘的修心訓練。它指的是將自私的動機（追求個人幸福）擴大為普度眾生和減輕一切痛苦的願望。

修止（shamatha meditation）：專注或平靜地安住，從而達到心一淨性的專注狀態。

唐卡（藏thangka）：一種傳統的西藏卷軸畫，掛在寺院的牆壁或佛龕上，通常描繪的是禪修的本尊和壇城。

祖古（藏tulku）：證悟者的化身，通常指菩薩的化現或已圓寂高階喇嘛的轉世。

根本上師（藏tsawai lama）：個人的主要修行導師。

持明（梵vidyādhara）：本覺持有者或本覺大師。

般若（梵prajñā）：智慧、明覺、出世間的智慧。

般若波羅蜜多經（梵prajñāpāramitā）：「圓滿智慧」的經典，大乘佛教的根本經典。

迅捷大圓滿（藏nyur de dzogpa chenpo）：迅速且安樂的本具大圓滿，一條無須苦行或艱苦修持的法道。

殊勝經驗指引（experiential teaching；藏nyongtri chenmo）：一種教學傳統，隨著弟子禪修經驗的開展，上師給予個人指導，與書本和講座中的一般性解說式教導形式相反。

芬陀利花（pundarika flower）：一種蓮花；白蓮花。

〔11劃〕

區分法（藏rushen，音「汝申」）：分別或區分輪迴與涅槃——區分二元心與不二本智、區分綑縛與解脫。這是大圓滿前行的獨特修持。

苦行者（梵sādhu）：印度聖人，一般屬於吠陀或印度教傳統，他們通常穿黃色或赭色衣袍。

教言傳承（藏kahma）：指依於上師和弟子的長傳承，經數世紀以來所傳下的所有法教和教導（參見「長傳承」）。它與簡短而直接的「伏藏傳承」（參見「近傳承」）——重新發現的蓮花生大士和其他證悟者法教的形式——形成對比。

近侍（藏shabshu）：喇嘛的貼身侍者。

近傳承（藏nyegyu）：從蓮花生大士和其他證悟者處得到的簡短而直接的伏藏傳承。這些大師在淨相中透過其無死的智慧身，直接將法教傳授給發現並取出這些法教的伏藏師。（參見「伏藏」、「教言傳承」、「長傳承」）

班智達（梵paṇḍita, pandit）：學識淵博的學者、作家、老師和論釋者。

偈頌（梵shloka）：以格律寫成的詩歌。

涅槃（梵nirvāṇa）：字義為「大寂靜」、「解脫」、「證悟」。從輪迴中解脫的「彼岸」。

〔12劃〕

淨土（pure land）：請參見「佛土」。

堪布（藏khenpo；梵acharya，音「阿闍黎」）：住持、戒師或教授。

報身（梵sambhogakāya）：佛陀的受用身。佛陀以淨相的形式示現給具有淨觀的人。

虛空瑜伽（藏namkhai naljor）：一種大圓滿禪修，將有限的心與無限的、如天空般的本覺融為一體。

智美汪瑟（Drimé Oser）：龍欽饒絳尊者的別名，字義為「無垢光」。

脈氣瑜伽（tsalung yoga）：內在金剛乘瑜伽，涉及「脈」（藏tsa，經脈或心靈通道）、「氣」（藏lung，能量或呼吸）和「明點」（藏tigle，心界）。

脈輪（梵chakra）：身體中央的能量核心，通過中央的精神能量通道連接在一起。

無著五莊嚴（Five Ornaments of Asaṅga）：或「慈氏五論」，印度班智

達無著論師以淨相的方式，從未來佛彌勒菩薩處領受的五部偉大典籍。它們分別是：《辯中邊論》（Madhyānta-vibhāga）、《辯法法性論》（Dharma-dharmatā-vibhāga）、《現觀莊嚴論》（Abhisamaya-ālaṃkāra）、《大乘莊嚴經論》（Mahāyāna-sūtra-ālaṃkāra）和《究竟一乘寶性論》（Uttaratantra）。

普賢王如來（梵Samantabhadra；藏Kungtuzangpo）：這是本初佛果的自性或狀態，字義為「一切善」（All-Good，即「普賢」），是我們本初清淨自性的化身。

〔13劃〕

業（梵karma）：字義為「行動」、「因果法則」，解釋了我們的各種條件狀況如何運作。

阿特曼（梵ātman）：自我、靈魂或永恆的自性。

阿賴耶（梵ālaya；藏kun shi）：所有意識或心（藏sem）的基礎，它有別於本覺，即本自清淨的存在、本具的覺醒。

頓悟者（藏chik charpa）：同時或突然證悟的行者，與逐漸、有次第地證悟的「漸悟者」（藏rim gyipa）不同。

頓超（藏tögal，音「妥噶」）：字義為「躍過」，意指「超越」。大圓滿密續中的觀想修法，甚至比「立斷」還要秘密。

煩惱（梵kleśa）：遮障的情緒。五種根本煩惱（五毒）是貪、瞋、癡、慢和嫉。

解說式教導（藏shetri）：理論性或解釋性的法教傳承。請參見「殊勝經驗指引」。

〔14劃〕

僧伽（梵saṃgha）：傳統意義上是指僧伽；廣義而言，也包括瑜伽士、瑜伽女，甚至整個佛教修行者群體。

實修傳承（Pactice Lineage）：瑜伽士的修行方式，而非理論、聞思和學術的方式，即密勒日巴的傳承。

菩提心（梵bodhicitta；藏sem kye）：證悟的心、智悲無我之心的綻放，是為了利益一切眾生而要獲得證悟的利他動機。菩提心有勝義和世俗兩個面向，勝義菩提心是實相、空性，世俗菩提心是慈心和悲心。

〔15劃〕

論（梵shastra）：對佛陀經典法教的闡釋。

糌粑（藏tsampa）：烤青稞粉，是西藏的主食。

輪迴（梵saṃsāra）：綑縛、無明；痛苦、因緣制約、死亡和重生的流轉。

〔16劃〕

道次第（藏lam rim）：宗喀巴大師和其他傑出人物廣泛闡釋的漸進式證悟之道。

龍欽心髓（藏Longchen Nyingthig）：遍知龍欽巴和吉美林巴的心髓——本具大圓滿的精髓。此傳承每次只傳授給一個弟子，很少傳給一群人，它被認為極其珍貴稀有。

嗳瑪吙（藏Emaho）：驚奇和興奮的感歎，可譯為「美妙啊！」或「令人驚歎啊！」

〔18劃〕

斷法（藏Chöd，音「倔」）：即「施身法」，意指「切斷自我」。一種旨在斬斷我執根源的禪修體系，此傳承可以追溯到十一世紀的帕當巴桑傑（Padampa Sangye）和女性傳承持有者瑪吉拉準（Machiq Lapdron）。

〔20劃〕

薩爾瓦芒嘎朗（藏sarva mangalam）：「願一切圓滿吉祥！」梵文經文開頭或結尾的常用祝詞。

魔羅（梵māra）：四種惡魔力量或修行、證悟的主要障礙，它們是五陰魔、煩惱魔、死魔和天子魔。

〔22劃〕

灌頂（empowerment；梵abhiṣheka；藏wang）：字義為「授權」，一種密續的傳承儀式，授權弟子修持特定的金剛乘儀軌。

〔25劃〕

觀世音菩薩（梵Avalokiteśvara；藏chenrezig）：象徵大慈大悲以及清淨的慈心、悲心和同理心的菩薩，常被用作禪修的本尊。「嗡・嘛呢・唄美・吽」是他（她）的咒語。

| 附錄二 |
紐修堪布仁波切長壽祈請文[1]
/頂果欽哲仁波切

嗡 梭帝
文殊等與諸佛之悅道，
深廣法之顯相燦然現，
金剛三密無邊本初界，
常住無量壽佛之體性！

嗡 梭帝
您是文殊師利與一切覺者的喜悅法道，
甚深廣大佛法的明光顯現。
願您永住三密金剛不變的本初虛空，
如是的無量壽佛之境域！

---

[1] 本書英文版於1995年出版，紐修堪布仁波切於1999年8月在法國圓寂。

大圓滿 12

拔出你的本覺之劍——本然大圓滿與金剛歌
Natural Great Perfection: Dzogchen Teachings and Vajra Songs

作　　者	紐修堪布仁波切（Nyoshul Khenpo Rinpoche）
	舒雅達喇嘛（Lama Surya Das）
譯　　者	拉姆耶喜德
審　　譯	顓顓
發 行 人	孫春華
社　　長	妙融法師
總 編 輯	黃靖雅
執行主編	顓顓
版面構成	張淑珍
封面設計	阿力
發行印務	黃新創

國家圖書館出版品預行編目(CIP)資料

拔出你的本覺之劍：本然大圓滿與金剛歌/紐修堪布仁波切(Nyoshul Khenpo Rinpoche)，舒雅達喇嘛(Lama Surya Das)作；拉姆耶喜德譯. -- 初版. -- 新北市：眾生文化出版有限公司, 2025.02
　面；　公分. --(大圓滿；12)
譯自：Natural great perfection : Dzogchen teachings and Vajra songs
ISBN 978-626-99099-1-9(平裝)
1.CST: 藏傳佛教 2.CST: 佛教修持 3.CST: 佛教說法
226.965　　　　　　　　　　　113018700

台灣發行	眾生文化出版有限公司
	地址：220新北市板橋區四川路2段16巷3號6樓
	電話：886-2- 89671025　傳真：886-2- 89671069
	劃撥帳號：16941166　戶名：眾生文化出版有限公司
	電子信箱：hy.chung.shen@gmail.com　網址：www.hwayue.org.tw
台灣總經銷	紅螞蟻圖書有限公司
	地址：114台北市內湖區舊宗路二段121巷19號
	電話：886-2-2795-3656　傳真：886-2-2795-4100
	電子信箱：red0511@ms51.hinet.net
香港經銷點	佛哲書舍
	地址：九龍旺角洗衣街185號地下
	電話：852-2391-8143　傳真：852-2391-1002
	電子信箱：humw2001@yahoo.com.hk

印　　刷	博創印藝文化事業有限公司
初版一刷	2025年2月
定　　價	390元
I S B N	978-626-99099-1-9（平裝）

◎本書如有破損、缺頁、裝訂錯誤，請寄回更換
◎未經正式書面同意，不得以任何形式做全部或局部之翻印、仿製、改編或轉載。版權所有・翻印必究

Natural Great Perfection: Dzogchen Teachings and Vajra Songs
© 1995, 2000 by Surya Das(Jeffrey Miller)
Published by arrangement with Snow Lion Publications, Inc.,
An imprint of Shambhala Publications, Inc.
2129 13th St, Boulder, CO 80302, USA.
www.shambhala.com through Bardon-Chinese Media Agency
Complex Chinese translation copyright © 2024
by Chung Sheng Publishing Company
ALL RIGHTS RESERVED

眾生文化出版書目

噶瑪巴教言系列

1	報告法王：我做四加行	作者：第十七世大寶法王 鄔金欽列多傑	300元
2	法王教你做菩薩	作者：第十七世大寶法王 鄔金欽列多傑	320元
3	就在當下	作者：第十七世大寶法王 鄔金欽列多傑	500元
4	因為你，我在這裡	作者：第一世噶瑪巴 杜松虔巴	350元
5	千年一願	作者：米克‧布朗	360元
6	愛的六字真言	作者：第15世噶瑪巴‧卡恰多傑、第17世噶瑪巴‧鄔金欽列多傑、第1世蔣貢康楚仁波切	350元
7	崇高之心	作者：第十七世大寶法王 鄔金欽列多傑	390元
8	深藏的幸福：回憶第十六世大寶法王	作者：諾瑪李維	399元
9	吉祥如意每一天	作者：第十七世大寶法王 鄔金欽列多傑	280元
10	妙法抄經本＿心經、三十五佛懺悔文、拔濟苦難陀羅尼經	作者：第十七世大寶法王 鄔金欽列多傑	300元
11	慈悲喜捨每一天	作者：第十七世大寶法王 鄔金欽列多傑	280元
12	上師之師：歷代大寶法王噶瑪巴的轉世傳奇	講述：堪布卡塔仁波切	499元
13	見即解脫	作者：報恩	360元
14	妙法抄經本＿普賢行願品	作者：第十七世大寶法王 鄔金欽列多傑	399元
15	師心我心無分別	作者：第十七世大寶法王 鄔金欽列多傑	280元
16	法王說不動佛	作者：第十七世大寶法王 鄔金欽列多傑	340元
17	為什麼不這樣想？	作者：第十七世大寶法王 鄔金欽列多傑	380元
18	法王說慈悲	作者：第十七世大寶法王 鄔金欽列多傑	380元

講經系列

1	法王說心經	作者：第十七世大寶法王 鄔金欽列多傑	390元

經典開示系列

1	大願王：華嚴經普賢行願品釋論	作者：堪布 竹清嘉措仁波切	360元
2	大手印大圓滿雙運	原典：噶瑪恰美仁波切、釋論：堪布 卡塔仁波切	380元
3	恆河大手印	原典：帝洛巴尊者、釋論：第十世桑傑年巴仁波切	380元
4	放空	作者：堪布 慈囊仁波切	330元
5	乾乾淨淨向前走	作者：堪布 卡塔仁波切	340元
6	修心	作者：林谷祖古仁波切	330元
8	除無明闇	原典：噶瑪巴旺秋多傑、講述：堪布 卡塔仁波切	340元
9	恰美山居法1	作者：噶瑪恰美仁波切、講述：堪布卡塔仁波切	420元
10	薩惹哈道歌	根本頌：薩惹哈尊者、釋論：堪千 慈囊仁波切	380元
12	恰美山居法2	作者：噶瑪恰美仁波切、講述：堪布卡塔仁波切	430元
13	恰美山居法3	作者：噶瑪恰美仁波切、講述：堪布卡塔仁波切	450元
14	赤裸直觀當下心	作者：第37世直貢澈贊法王	340元

15	直指明光心	作者：堪布 竹清嘉措仁波切	420元
17	恰美山居法 4	作者：噶瑪恰美仁波切、講述：堪布卡塔仁波切	440元
18	願惑顯智：岡波巴大師大手印心要	作者：岡波巴大師、釋論：林谷祖谷仁波切	420元
19	仁波切説二諦	原典：蔣貢康楚羅卓泰耶、釋論：堪布 竹清嘉措仁波切	360元
20	沒事，我有定心丸	作者：邱陽・創巴仁波切	460元
21	恰美山居法 5	作者：噶瑪恰美仁波切、講述：堪布卡塔仁波切	430元
22	真好，我能放鬆了	作者：邱陽・創巴仁波切	430元
23	就是這樣：《了義大手印祈願文》釋論	原典：第三世大寶法王噶瑪巴 讓炯多傑、釋論：國師嘉察仁波切	360元
24	不枉女身：佛經中，這些女人是這樣開悟的	作者：了覺法師、了塵法師	480元
25	痛快，我有智慧劍	作者：邱陽・創巴仁波切	430元
26	心心相印，就是這個！《恆河大手印》心要指引	作者：噶千仁波切	380元
27	不怕，我有菩提心	作者：邱陽・創巴仁波切	390元
28	恰美山居法 6	作者：噶瑪恰美仁波切、講述：堪布卡塔仁波切	430元
29	如是，我能見真實	作者：邱陽・創巴仁波切	470元
30	簡單，我有平常心	作者：邱陽・創巴仁波切	430元
31	圓滿，我來到起點	作者：邱陽・創巴仁波切	390元
32	國王之歌：薩惹哈尊者談大手印禪修	原典：薩惹哈尊者、釋論：堪千創古仁波切	390元
33	那洛巴教你：邊工作，邊開悟	原典：那洛巴尊者、釋論：堪千創古仁波切	390元
34	明明白白是自心	原典：達波札西南嘉、釋論：堪千創古仁波切	390元
35	帝師的禮物：八思巴尊者傳記與教言	原典：八思巴尊者、釋論：第41任薩迦法王	390元
36	恰美山居法 7	作者：噶瑪恰美仁波切、講述：堪布卡塔仁波切	430元
37	禪定之王：《三摩地王經》精要釋論	作者：帕秋仁波切	350元

禪修引導系列

1	你是幸運的	作者：詠給・明就仁波切	360元
2	請練習，好嗎？	作者：詠給・明就仁波切	350元
3	為什麼看不見	作者：堪布竹清嘉措波切	360元
4	動中修行	作者：創巴仁波切	280元
5	自由的迷思	作者：創巴仁波切	340元
6	座墊上昇起的繁星	作者：堪布 竹清嘉措仁波切	390元
7	藏密氣功	作者：噶千仁波切	360元
8	長老的禮物	作者：堪布 卡塔仁波切	380元
9	醒了就好	作者：措尼仁波切	420元
10	覺醒一瞬間	作者：措尼仁波切	390元
11	別上鉤	作者：佩瑪・丘卓	290元
12	帶自己回家	作者：詠給 明就仁波切／海倫特窓福	450元

13	第一時間	作者：舒雅達	380元
14	愛與微細身	作者：措尼仁波切	399元
15	禪修的美好時光	作者：噶千仁波切	390元
16	鍛鍊智慧身	作者：蘿絲泰勒金洲	350元
17	自心伏藏	作者：詠給‧明就仁波切	290元
18	行腳：就仁波切努日返鄉紀實	作者：詠給‧明就仁波切	480元
19	中陰解脫門	作者：措尼仁波切	360元
20	當蒲團遇見沙發	作者：奈久‧威靈斯	390元
21	動中正念	作者：邱陽‧創巴仁波切	380元
22	菩提心的滋味	作者：措尼仁波切	350元
23	老和尚給你兩顆糖	作者：堪布卡塔仁波切	350元
24	金剛語：大圓滿瑜伽士的竅訣指引	作者：祖古烏金仁波切	380元
25	最富有的人	作者：邱陽‧創巴仁波切	430元
26	歸零，遇見真實	作者：詠給‧明就仁波切	399元
27	束縛中的自由	作者：阿德仁波切	360元
28	先幸福，再開悟	作者：措尼仁波切	460元
29	壯闊菩提路	作者：吉噶‧康楚仁波切	350元
30	臨終導引	作者：噶千仁波切	320元
31	搶救一顆明珠： 用一年，還原最珍貴的菩提心	作者：耶喜喇嘛、喇嘛梭巴仁波切	440元
32	轉心向內。認出本覺	作者：普賢如來、慈怙 廣定大司徒仁波切	380元
33	見心即見佛	作者：慈怙 廣定大司徒仁波切	380元
34	城市秘密修行人： 「現代瑜伽士」的修學指南	作者：堪布巴桑仁波切	360元

密乘實修系列

1	雪域達摩	英譯：大衛默克、喇嘛次仁旺都仁波切	440元

儀軌實修系列

1	金剛亥母實修法	作者：確戒仁波切	340元
2	四加行，請享用	作者：確戒仁波切	340元
3	我心即是白度母	作者：噶千仁波切	399元
4	虔敬就是大手印	原作：第八世噶瑪巴 米覺多傑、講述：堪布 卡塔仁波切	340元
5	第一護法：瑪哈嘎拉	作者：確戒仁波切	340元
6	彌陀天法	原典：噶瑪恰美仁波切、釋義：堪布 卡塔仁波切	440元
7	藏密臨終寶典	作者：東杜法王	399元
8	中陰與破瓦	作者：噶千仁波切	380元
9	斷法	作者：天噶仁波切	350元
10	噶舉第一本尊：勝樂金剛	作者：尼宗赤巴‧敦珠確旺	350元
11	上師相應法	原典：蔣貢康楚羅卓泰耶、講述：堪布噶瑪拉布	350元

12	除障第一	作者：蓮師、秋吉林巴，頂果欽哲法王、祖古烏金仁波切等	390元
13	守護	作者：第九世嘉華多康巴 康祖法王	380元
14	空行母事業：證悟之路與利他事業的貴人	作者：蓮花生大士、秋吉德千林巴、蔣揚欽哲旺波、祖古‧烏金仁波切、鄔金督佳仁波切等	390元
15	無畏面對死亡	作者：喇嘛梭巴仁波切	480元

心靈環保系列

| 1 | 看不見的大象 | 作者：約翰‧潘柏璽 | 299元 |
| 2 | 活哲學 | 作者：朱爾斯伊凡斯 | 450元 |

大圓滿系列

1	虹光身	作者：南開諾布法王	350元
2	幻輪瑜伽	作者：南開諾布法王	480元
3	無畏獅子吼	作者：紐修‧堪仁波切	430元
4	看著你的心	原典：巴楚仁波切、釋論：堪千 慈囊仁波切	350元
5	椎擊三要	作者：噶千仁波切	399元
6	貴人	作者：堪布丹巴達吉仁波切	380元
7	立斷：祖古烏金仁波切直指本覺	作者：祖古烏金仁波切	430元
8	我就是本尊	作者：蓮花生大士、頂果欽哲仁波切、祖古烏金仁波切等	440元
9	你就是愛，不必外求：喚醒自心佛性的力量	作者：帕秋仁波切	390元
10	本淨之心：自然學會「大圓滿」的無條件幸福	作者：鄔金秋旺仁波切	399元
11	你的水燒開了沒？認出心性的大圓滿之道	作者：寂天菩薩、蓮花生大士、祖古烏金仁波切等	450元
12	拔出你的本覺之劍——本然大圓滿與金剛歌	作者：紐修堪布仁波切、舒雅達喇嘛	390元

如法養生系列

| 1 | 全心供養的美味 | 作者：陳宥憲 | 430元 |

佛法與活法系列

2	我的未來我決定	作者：邱陽‧創巴仁波切	370元
4	蓮師在尼泊爾	作者：蓮花生大士、拉瑟‧洛扎瓦、賈恭‧帕秋仁波切	390元
6	薩迦成佛地圖	作者：第41任薩迦崔津法王	370元
7	蓮師在印度	作者：蓮花生大士、拉瑟‧洛扎瓦	430元

不思議圖鑑系列

| 1 | 王子翹家後 | 作者：菩提公園 | 360元 |
| 2 | 福德與神通 | 作者：菩提公園 | 350元 |